Roßbruch/Frowein
Arbeitszeugnisse für Pflegeberufe

Robert Roßbruch
Michael Frowein

Arbeitszeugnisse für Pflegeberufe

Programm zur automatischen Zeugniserstellung

Version 1.0
für Microsoft® Word® 6.0 für Windows® und
Word® 7.0 für Windows® 95

Luchterhand

Die Deutsche Bibliothek – CIP Einheitsaufnahme
Arbeitszeugnisse für Pflegeberufe : mit Programm zur automatischen Zeugniserstellung /
Rossbruch/Frowein. –
Neuwied ; Kriftel ; Berlin : Luchterhand
ISBN 3-472-02105-5
Buch. 1997 Gb.
Diskette. – Version 1.0 für Microsoft Word 6.0 für Windows und Word 7.0 für Windows 95. – 1997

Satz: Hümmer, Waldbüttelbrunn.
Druck: Druckerei Plump OHG, Rheinbreitbach.
Buchbindung: Fikentscher, Darmstadt.
Printed in Germany, July 1997.

♾ Gedruckt auf säurefreiem, alterungsbeständigem und chlorfreiem Papier.

Vorwort

Jede im Pflegemanagement tätige Führungsperson kennt die derzeit herrschenden Formulierungen wie zum Beispiel »Sie/Er hat die ihr/ihm übertragenen Aufgaben zu unserer vollsten Zufriedenheit erledigt.« oder »Sie/Er hat sich bemüht, die ihr/ihm übertragenen Aufgaben zu unserer Zufriedenheit zu erledigen.« für die Leistungsnote eins bzw. sechs. Dieser sich auch in den Pflegeberufen mangels Alternativen eingebürgerte Sprachcode wurde von mir nicht zuletzt aufgrund meiner anwaltlichen Erfahrungen auf dem Gebiete des Arbeitsrechts einer kritischen Würdigung unterzogen, die kurz zusammengefaßt zu folgenden Ergebnissen führten:

- Die in dem herkömmlichen Sprachcode verwendeten Wendungen sind wegen ihrer Formelhaftigkeit meist ungeeignet, den Bewerber hinsichtlich seiner fachlichen Qualifikation und sozialen Kompetenz differenziert zu beurteilen.
- Die in Form eines Sprachcodes verwendeten Formulierungen führen häufig zu unnötigen Auseinandersetzungen mit dem Mitarbeiter/der Mitarbeiterin.
- Die in und für die Privatwirtschaft entwickelten Standardformulierungen sind nur bedingt auf die Pflegeberufe anwendbar.
- Der vollständige Sprachcode ist schlecht strukturiert und somit unübersichtlich und führt daher sowohl beim Zeugnisschreiber als auch bei demjenigen, der das Zeugnis des Bewerbers/der Bewerberin zu interpretieren hat, häufig zu mißverständlichen Formulierungen bzw. Fehlinterpretationen.
- Die verwendeten Standardsätze enthalten teilweise Formulierungen, die einer rechtlichen Prüfung nicht standhalten.

Als Konsequenz aus dieser Kritik habe ich als Dozent an der Kreuznacher Akademie im Rahmen einer Projektarbeit mit den Teilnehmern des Pflegedienstleitungskurses B 1 ein diese Kritik berücksichtigendes neues Konzept zur Zeugniserstellung für Mitarbeiter im Pflege- und Funktionsdienst entwickelt, welches für die nun vorliegende EDV-Lösung noch weiter verbessert worden ist.

Das neue Zeugniskonzept enthält einen auf die Pflegeberufe abgestellten Zeugnisaufbau. Hierzu gehören entsprechend standardisierte

Tätigkeitsmerkmale für die einzelnen Tätigkeitsfelder sowohl in der stationären als auch in der ambulanten Alten- und Krankenpflege, die selbstverständlich analog den hausinternen Verhältnissen veränderbar und/oder ergänzbar sind und dazugehörige **Beurteilungskriterien** sowie für die einzelnen Leistungsnoten detailliert ausgearbeitete **Musterformulierungen**, die sowohl eine adäquate und für jeden nachvollziehbare Beurteilung des Bewerbers ermöglichen als auch so formuliert sind, daß alle **einzelnen Mustertexte miteinander verknüpfbar** sind und somit ein vollständiges Zeugnis für die jeweils zu beurteilende Pflegeperson erstellt werden kann.

Großes Glück hatte ich, als ich vor 2 Jahren Michael Frowein am Berufsfortbildungswerk in Frankfurt am Main kennenlernte. Michael Frowein, Lehrer für Pflegeberufe und Entbindungspflege, Fachbuchautor, Softwareentwickler, zur Zeit Student der Erziehungswissenschaften an der Johann Wolfgang Goethe-Universität in Frankfurt und als Lektor eines namhaften Verlages tätig, ist es gelungen für dieses neuartige Zeugniskonzept für Pflegeberufe eine überzeugende EDV-Lösung zu entwickeln, die sich durch die dialoggesteuerte Programmführung als extrem anwenderfreundlich auszeichnet. Dabei hat er besonderen Wert auf einfache Installation, kurze Einarbeitungszeit und Übersichtlichkeit gelegt. Das Programm fügt sich nahtlos in Microsoft® Word® für Windows® ein, so daß die Einarbeitung in ein neues Textverarbeitungsprogramm entfällt. So kann, nachdem die hausspezifischen Daten einmal eingegeben sind und die Beurteilung des Mitarbeiters anhand des Beurteilungsbogens erfolgt ist, das Zeugnis in wenigen Minuten erstellt werden.

Ich hoffe, daß dieses bundesweit einmalige EDV-gestützte Zeugniskonzept für Pflegeberufe die notwendige Akzeptanz findet, um eine für die Pflege bundeseinheitliche Beurteilungs- und Sprachregelung zu realisieren, die es sowohl der Führungskraft als auch der zu beurteilenden Pflegeperson ermöglicht, das Zeugnis seinem Beurteilungstenor entsprechend zu interpretieren.

Da ich für Veränderungs- und Verbesserungsvorschläge stets offen und dankbar bin, möchte ich die Anwender der vorliegenden Software hiermit einladen, an der Weiterentwicklung des Zeugniskonzepts mitzuarbeiten.

Koblenz, im Mai 1997 — Robert Roßbruch

Danksagung

Mein Dank gilt den Teilnehmern des Pflegedienstleitungskurses B 1 der Kreuznacher Akademie, die an der Entwicklung des neuen Zeugniskonzepts maßgeblich beteiligt waren: Michael Förster, Monika Hamm. Ursula Hubertus, Angelika Jensen, Elisabeth Kricher, Ursula Kollosche, Helmut Krechel, Valeska Kukla-Hermann, Monika Maletzki-Wolf, Carmen Nolte, Monika Scheder, Jügen Scholla, Lothar Schramm, Klaus Simon, Gerhard Urban, Friedhelm Wallrich.

Mein besonderer Dank gilt dem Leiter der Kreuznacher Akademie, Herrn Diplom-Medizinpädagoge Karl-Heinz Knoche, der dieses Projekt großzügig unterstützte und die nötige Unterrichtszeit sowie das technische Know-how der Akademie zur Verfügung stellte sowie meiner Ehefrau, Ursula Büchel-Roßbruch, die als Lehrerin für Pflegeberufe stets eine kompetente und geduldige Ansprech- und Diskussionspartnerin war.

Inhaltsverzeichnis

1. Überprüfen des Verpackungsinhalts

Überprüfen Sie, ob die Verpackung folgende Teile enthält:

- 1 Diskette mit den Dateien für Microsoft® Word® 6.0 für Windows®
- 1 Diskette mit den Dateien für Microsoft® Word® 7.0 für Windows® 95
- 1 Benutzerhandbuch

Sollte eines dieser Teile fehlen, wenden Sie sich bitte an Ihre Buchhandlung oder an den:

Hermann Luchterhand Verlag GmbH
Elektronische Medien
Heddesdorfer Straße 31
56564 Neuwied

1.1 Inhalt der Disketten

Die Diskette mit den Dateien für Microsoft® Word® 6.0 für Windows® ist erforderlich, um »Arbeitszeugnisse für Pflegeberufe« unter Word® 6.0 auszuführen.

Die Diskette mit den Dateien für Microsoft® Word® 7.0 für Windows® 95 ist erforderlich, um »Arbeitszeugnisse für Pflegeberufe« unter Word® 7.0 auszuführen.

Sie enthalten jeweils die Dateien:

1. ZSetup.dot (Installationsprogramm)
2. Zeugnis.dot (Zeugnisprogramm)
3. ZHilfe.dot (Online-Hilfe für das Zeugnisprogramm)
4. ZTabelle.doc (Beurteilungsbogen für die Stationen)
5. Demo.doc (Beispiel eines mit »Arbeitszeugnisse für Pflegeberufe« erstellten Zeugnisses)

2. Systemvoraussetzungen

Da sich das Programm zur Zeugniserstellung in Microsoft® Word® für Windows® integriert, orientieren sich die Systemvoraussetzungen an den Erfordernissen von Word® für Windows®. Wenn auf Ihrem Computer bereits Microsoft® Word® für Windows® installiert ist, kann »Arbeitszeugnisse für Pflegeberufe« in jedem Fall betrieben werden. Die Mindestvoraussetzungen erfüllt heute fast jeder Personal Computer.

Die Ausführungsgeschwindigkeit des Programms ist von der Ausstattung Ihres Computers abhängig.

- Personal Computer mit 80386 Mikroprozessor oder höher
- 4 MB Arbeitsspeicher oder mehr (8 MB empfohlen)
- Festplatte mit 1,5 MB freiem Speicherplatz
- MS-DOS® Version 3.1 oder höher und Windows® 3.1 oder höher
- 3,5-Zoll-HD-Diskettenlaufwerk (1,44 MB)
- Grafikkarte mit einer Auflösung von 640 x 480 und 256 Farben (empfohlene Auflösung 800 x 600 bei 16-Bit-Farben)
- Maus oder kompatibles Zeigegerät
- Microsoft® Word® 6.0 für Windows® oder Microsoft® Word® 7.0 für Windows® 95

3. Installation

Bei der Erstellung des Programms wurde besonderer Wert auf die Benutzerfreundlichkeit gelegt. Deshalb erfolgt die Installation direkt aus Microsoft® Word® für Windows® heraus. Sie benötigen keine tieferen Computerkenntnisse.

3.1 Durchführung der Installation

Bitte stellen Sie als erstes fest, welche Version von Microsoft® Word® für Windows® Sie verwenden. Starten Sie dazu auf Ihrem Computer Microsoft® Word® für Windows®, und klicken Sie mit der Maus auf das Fragezeichen (?) in der Programmleiste. Klicken Sie jetzt auf den Eintrag »Info«. In dem sich öffnenden Fenster wird die Versionsnummer sichtbar. Falls dort Microsoft® Word® 6.0 für Windows® sichtbar wird, benutzen Sie die Diskette mit der Aufschrift Microsoft® Word® 6.0 für Windows®, bei dem Eintrag Microsoft® Word® für Windows® 95 benutzen Sie die Diskette mit der Aufschrift Microsoft® Word® 7.0 für Windows® 95 zum Installieren.

1. Legen Sie die richtige Diskette in das Diskettenlaufwerk ein.
2. Klicken Sie mit der Maus auf den Eintrag »Datei« in der Programmleiste von Word®.
3. Klicken Sie mit der Maus auf den Eintrag »Öffnen...«.
4. Wählen Sie in dem jetzt sichtbaren Fenster unter »Dateityp:« den Eintrag »Dokumentvorlage *.dot«.

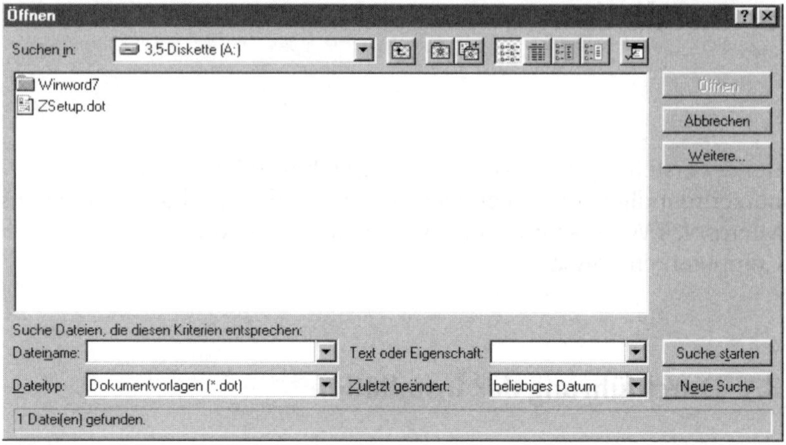

Abb. 3–1 *Dateityp auf *.dot einstellen*

5. Wählen Sie unter »Laufwerk« den Laufwerkbuchstaben Ihres Diskettenlaufwerks (meistens a:, falls dies eine Fehlermeldung erzeugt dann b:). Unter Word® 7.0 für Windows® 95 lautet der Eintrag statt »Laufwerk« »Suchen in:«.
6. Doppelklicken Sie auf die jetzt sichtbare Datei »Zsetup.dot«.
7. Das Installationsprogramm wird jetzt gestartet. Je nach Ausstattung Ihres Computers kann dies bis zu 1 Minute dauern.
8. Starten Sie die Installation durch einen Doppelklick auf die Schaltfläche »Installation starten« und folgen Sie den Anweisungen auf dem Bildschirm.

Abb. 3–2 *Schaltfläche zum Starten der Installation*

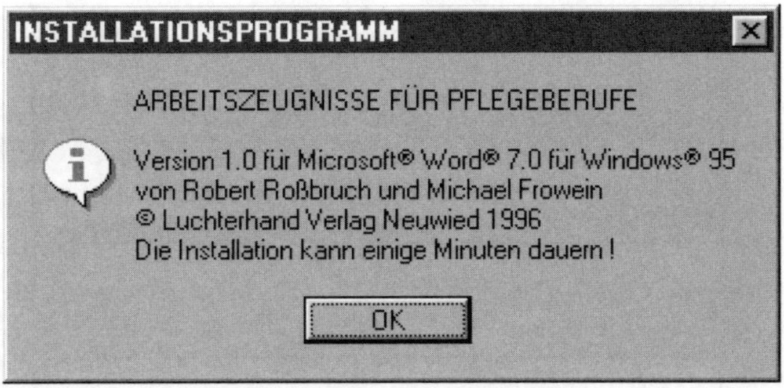

Abb. 3–3 *Startbild nach Doppelklick auf die Schaltfläche*

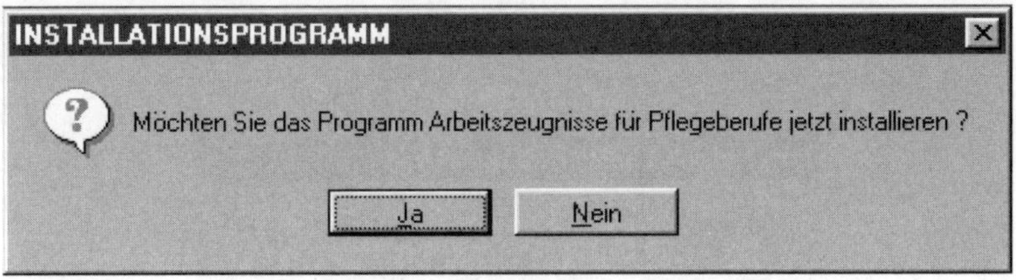

Abb. 3–4 *Beantworten Sie die Frage nach dem Installationsbeginn mit ja*

9. Geben Sie die ID-Nummer ein: 10601997 für Word® 6.0 für Windows® oder 10701997 für Word® 7.0 für Windows® 95.

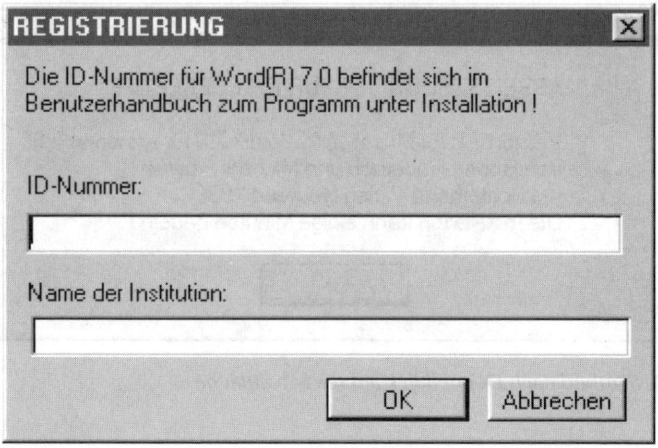

Abb. 3–5 *Dialog zur Registrierung*

Abb. 3–6 *Hinweis bei falscher ID-Nummer*

Abb. 3–7 *Aufforderung zur Angabe der Institution oder der Abteilung*

Nach Abschluß der Installation wird das Installationsprogramm automatisch beendet und das Zeugnisprogramm gestartet. Ein Hinweis informiert Sie, ob die Installation erfolgreich verlaufen ist. Das Programm ist jetzt sofort einsetzbar. Das Zeugnisprogramm wird durch Klicken von »Datei« und anschließendem Klicken von »Schließen«, wie jede andere Datei auch, beendet. Falls Word® Sie beim Beenden des Programms fragt, ob die Änderungen gespeichert werden sollen, sollten sie immer mit »Nein« antworten.

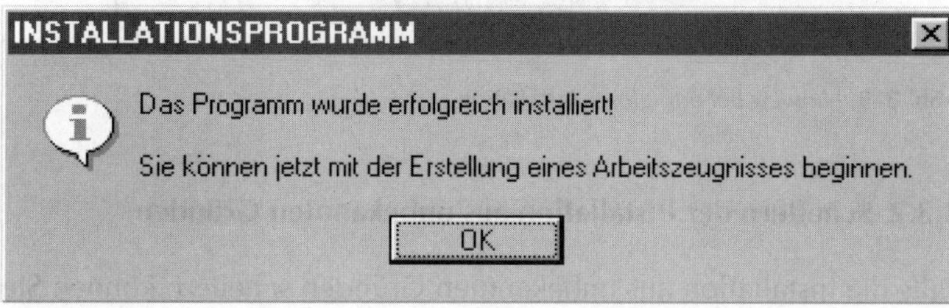

Abb. 3–8 *Hinweis über die erfolgreiche Installation des Programms*

3.2 Was macht das Installationsprogramm?

Das Installationsprogramm legt auf Ihrer Festplatte ein Verzeichnis mit dem Namen »C:\Zeugnis« an. Anschließend werden alle Dateien von der Diskette auf Ihre Festplatte in dieses Verzeichnis kopiert. Zusätzlich werden Schaltflächen zum Starten des Programms in die Menüleiste und die Symbolleiste eingefügt.

3.3 Problembehebung während der Installation

3.3.1 Fehlermeldung »Das Programm wurde nicht erfolgreich installiert!«

Falls während der Installation die oben angeführte Meldung erscheint, führen Sie die Installation noch einmal durch.

Abb. 3–9 *Hinweis bei erfolgloser Installation*

3.3.2 Scheitern der Installation aus unbekannten Gründen

Falls die Installation aus unbekannten Gründen scheitert, können Sie das Programm manuell installieren. Dazu gehen Sie wie folgt vor:

1. Legen Sie die Diskette in das Diskettenlaufwerk.
2. Starten Sie den Dateimanager von Windows®.
3. Legen Sie das Verzeichnis »C:\Zeugnis« an.
4. Kopieren Sie alle Dateien von der Diskette in das Verzeichnis »C:\Zeugnis«.
5. Starten Sie Word® für Windows®.
6. Klicken Sie »Datei« und danach »Öffnen«.
7. Wechseln Sie in das Verzeichnis »C:\Zeugnis«.
8. Wählen Sie unter Dateiformat »*.dot« aus.
9. Öffnen Sie »Zeugnis.dot«.

Das Programm kann dann in Zukunft wie eine normale Datei mit der Endung »dot« geöffnet und geschlossen werden.

Sollten bei oder nach der manuellen Installation weiterhin Probleme bestehen, kann dies nur an Windows® oder Word® für Windows® liegen. Bitte ziehen Sie dann eine fachkundige Person für diese Programme heran oder wenden Sie sich an die Hotline von Microsoft, deren Anschrift Sie Ihren Handbüchern zu Windows® entnehmen können.

4. Starten und Beenden des Programms

Damit Sie das Zeugnisprogramm bequem in Word® öffnen können, wird automatisch eine Schaltfläche mit der Aufschrift »Zeugnis« in der Symbolleiste eingefügt. Durch einen Mausklick auf diesen Button wird das Zeugnisprogramm gestartet.

Abb. 4–1 *Schaltfläche »Zeugnis« zum Starten des Programms (nur sichtbar, wenn das Programm nicht bereits gestartet ist!)*

Zusätzlich wird in der Menüleiste »Extras« der Eintrag »Zeugnis« eingefügt, der dieselbe Funktion hat.

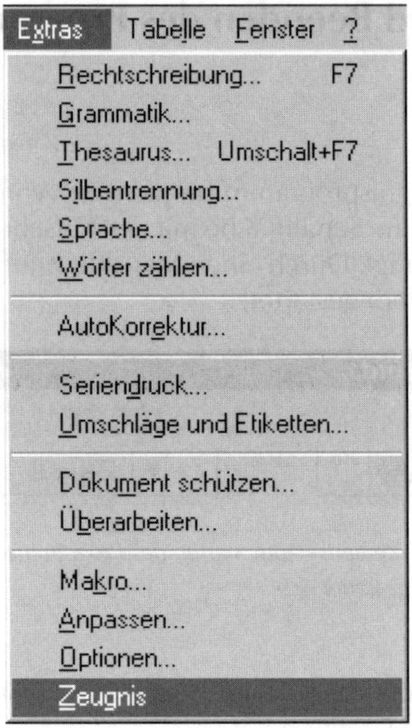

Abb. 4–2 *Eintrag in das Menü »Extras«*

Falls Sie unter Word® kein Dokument geöffnet haben, ist die Menüleiste auf die Einträge »Datei« und »?« reduziert. Damit Sie auch in dieser Situation leicht Zugang zum Programm haben, findet sich unter »Datei« der Eintrag »Zeugnis« mit der bereits beschriebenen Funktion.

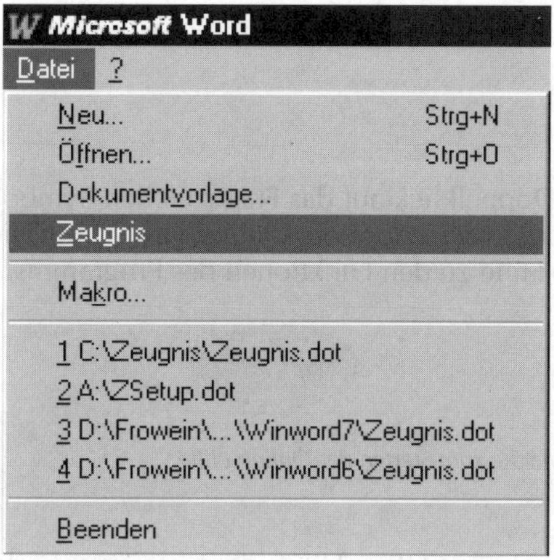

Abb. 4–3 *Eintrag in das Menü »Datei«*

Das Programm kann zusätzlich wie eine normale Datei mit der Endung »dot« geöffnet und geschlossen werden. Zum Beenden des Programms klicken Sie auf »Datei« und danach auf »Schließen«. Beantworten Sie die Frage von Word®, ob die Änderungen in Zeugnis.dot gespeichert werden sollen, stets mit »Nein«.

5. Hilfe

Durch einen Doppelklick auf das Fragezeichen-Symbol in der Oberfläche des Programms startet die Online-Hilfe. In ihr finden Sie eine komprimierte Hilfe zu den Funktionen des Programms.

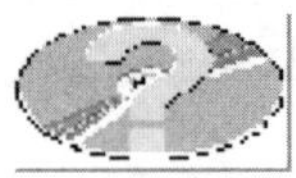

Abb. 5–1 *Schaltfläche zum Starten der Online-Hilfe*

Sie können durch die Online-Hilfe wie durch jedes andere Dokument in Word® blättern. Um die Online-Hilfe zu schließen und zum Programm zurückzukehren, doppelklicken Sie auf die Schaltfläche »Zurück zum Zeugnis«.

Abb. 5–2 *Schaltfläche in der Online-Hilfe*

6. Ausdrucken des Beurteilungsbogens

Der Beurteilungsbogen für die Beurteilung des Mitarbeiters auf der Station kann in Tabellenform ausgedruckt werden. Durch einen Doppelklick auf das Druckersymbol in der Programmoberfläche wird der Druckvorgang gestartet. Bitte überprüfen Sie vor Druckbeginn, ob Ihr Drucker betriebsbereit ist.

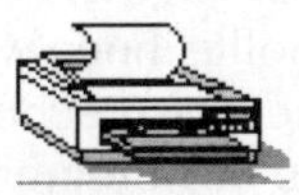

Abb. 6–1 *Schaltfläche zum Ausdrucken des Beurteilungsbogens*

Um ein ungewolltes Ausdrucken zu vermeiden, erfolgt nach dem Doppelklick auf das Druckersymbol eine Abfrage.

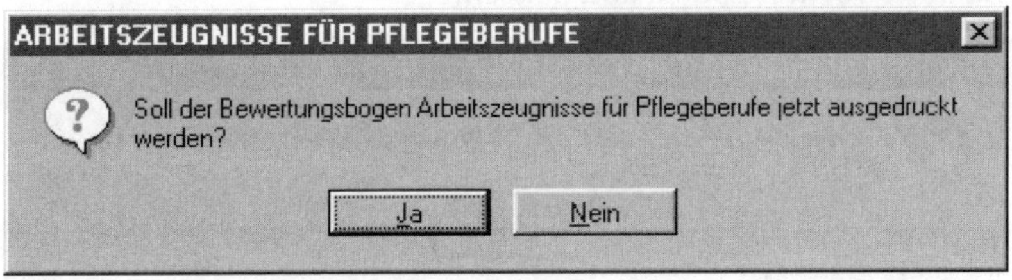

Abb. 6–2 *Abfrage zum Ausdruck des Beurteilungsbogens*

Nachdem der Beurteilungsbogen durch die beurteilende Person (z. B. Stationsleitung) ausgefüllt wurde, kann die Erstellung des Arbeitszeugnisses beginnen. Da die Formulierungen auf dem Beurteilungsbogen mit den Formulierungen im Programm übereinstimmen, ist die Erstellung sehr einfach und übersichtlich.

7. Erstellung eines Arbeitszeugnisses

7.1 Programmlauf

Durch Anklicken der Rechtecke auf der rechten Seite des Formulars von oben nach unten wird der Text und das Layout automatisch generiert. Die Einhaltung der Reihenfolge ist zwingend notwendig und wird vom Programm überwacht. Sollte ihnen während der Eingabe ein Fehler unterlaufen sein und die entsprechende Dialogbox bereits geschlossen sein, schließen Sie das Programm ohne **zu speichern** und starten nach erneutem Aufruf die Zeugniserstellung nochmals. Geben Sie grundsätzlich beim Schließen des Zeugnisformulars »nicht speichern« an! Sollte das Programm unerwünschte Einstellungen gespeichert haben, installieren sie das Zeugnisprogramm einfach erneut.

Folgende Meldung erscheint bei dem Versuch (außer bei Punkt 7.8), einen Bearbeitungspunkt auszulassen:

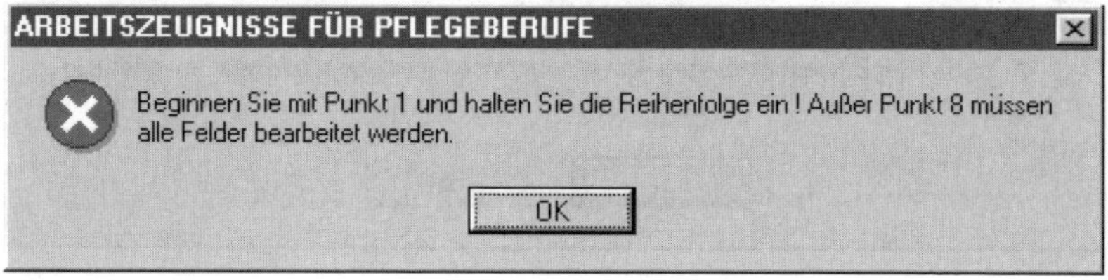

Abb. 7–1 *Meldung bei Auslassen eines Punkts*

Bei zweifachem Anklicken erscheint folgende Meldung:

Abb. 7–2 *Hinweis bei Doppelbearbeitung*

Sie erhalten als Ergebnis ein druckreifes Zeugnis, das nur noch unterschrieben werden muß. Das fertige Zeugnis wird für Sie erst sichtbar, nachdem alle Punkte des Formulars bearbeitet wurden. Zu diesem Zeitpunkt ist es möglich, Änderungen an Inhalt und Layout des Zeugnisses vorzunehmen.

7.2 Briefkopf und Einleitung des Zeugnisses

Nach Aktivierung dieses Punktes erscheint folgender Dialog:

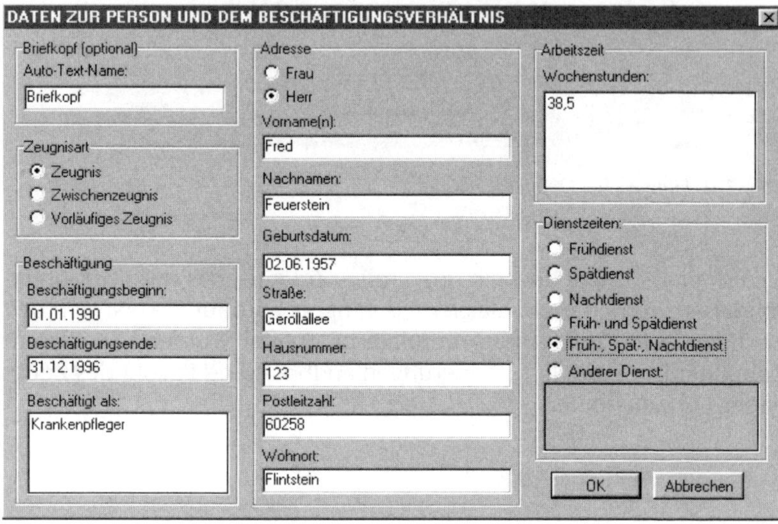

Abb. 7–3 *Dialogbox Briefkopf und Einleitung des Zeugnisses*

Wenn Sie einen Briefkopf für Ihre Institution in Word® entwerfen, können Sie auf Briefkopfpapier verzichten. Markieren Sie dazu den Entwurf Ihres Briefkopfs, wählen Sie danach »Bearbeiten« und »Auto-Text...«. Jetzt können Sie Ihrem Briefkopf einen beliebigen Namen zuordnen. Danach drücken Sie »Hinzufügen« (lesen Sie dazu auch unter »Auto-Text definieren« in Ihrem Benutzerhandbuch zu Microsoft® Word®). Wenn Sie in Zukunft im oben dargestellten Dialog unter »Auto-Text-Name« den von Ihnen vergebenen Namen Ihres Briefkopfs eintragen, wird dieser bei der Erstellung des Zeugnisses automatisch eingesetzt. Falls Sie dieses Feld offen lassen, beginnt das Zeugnis lediglich mit der Überschrift »Zeugnis«, »Zwischenzeugnis« oder »Vorläufiges Zeugnis«. In diesem Fall können Sie Ihr vorgedrucktes Briefkopfpapier verwenden. Um diese Funktion testen zu können, wird das Programm mit einem Briefkopf geliefert. Geben Sie bei der Erstellung »Briefkopf« ein. Im fertigen Zeugnis erscheint der mitgelieferte Briefkopf:

Kreiskrankenhaus Flintstein
– Hessenklinik –
Auf der Geröllhalde 26 60258 Flintstein
☎ (0 00 99) 2 28 93

Abb. 7–4 *Mitgelieferter Beispiel-Briefkopf*

Die übrigen Felder sind selbsterklärend und sollten wie oben gezeigt ausgefüllt werden. Im Feld »Beschäftigt als« können Sie z. B. »Krankenpfleger«, »Krankenpfleger im Operationsdienst« oder »Krankenpfleger und seit dem 01. 01. 1995 als Hygienefachpfleger« eingeben.

Im Feld »Wochenstunden« haben Sie die Möglichkeit, Änderungen der Wochenarbeitszeit einzutragen. Beispielsweise können Sie »38,5 und seit dem 01. 01. 1995 mit 19« eintragen.

Weichen die Dienstzeiten von den vorgegebenen ab, wählen Sie »Andere« und tragen zum Beispiel »Geteilten Dienst« ein.

7.3 Beschreibung der Einrichtung

Nach Aktivierung dieses Punktes erscheint folgender Dialog:

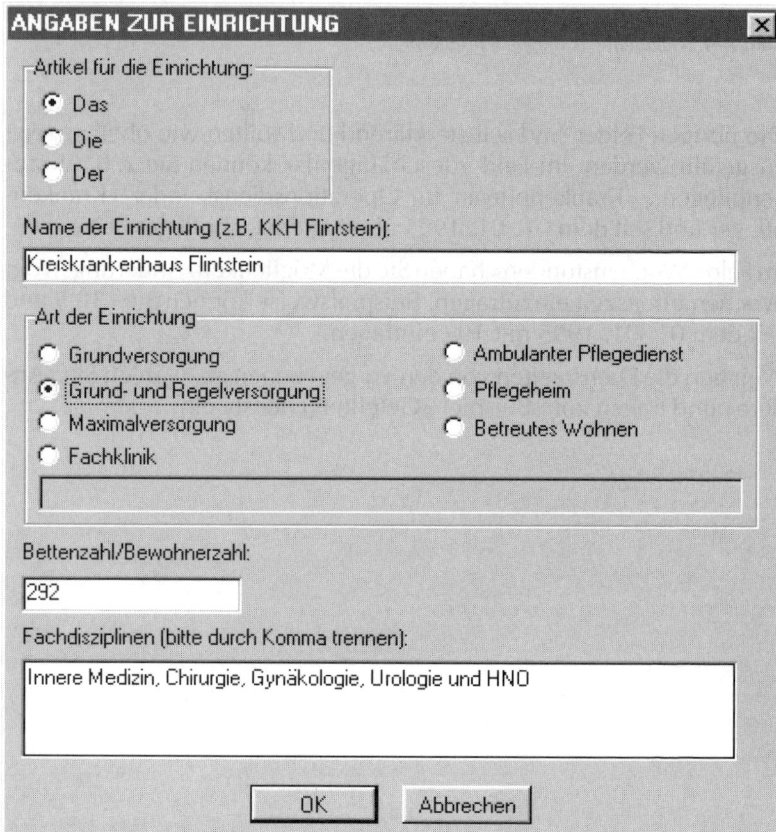

Abb. 7–5 *Angaben zur Einrichtung*

Geben Sie den passenden Artikel zu Ihrem Hausnamen ein und nachfolgend den Namen des Hauses. Handelt es sich bei Ihrer Institution um eine Fachklinik, klicken Sie »Fachklinik« an und tragen zum Beispiel »Orthopädie« ein. Falls Sie unter »Art des Hauses« »Grundversorgung« oder »Grund- und Regelversorgung« angeben, müssen Sie nachfolgend unter »Fachdisziplinen« mit Komma getrennt die Fachrichtungen eintragen. Damit der generierte Text besser fließt, sollten Sie wie oben gezeigt das letzte Wort durch ein »und« anschließen. Falls sie »Ambulanter Pflegedienst« ausgewählt haben, können in allen übrigen Eingabefeldern keine Daten eingegeben werden, da dies hier nicht erforderlich ist.

7.4 Auswahl des Tätigkeitsbereichs

Nach Aktivierung dieses Punktes erscheint folgender Dialog:

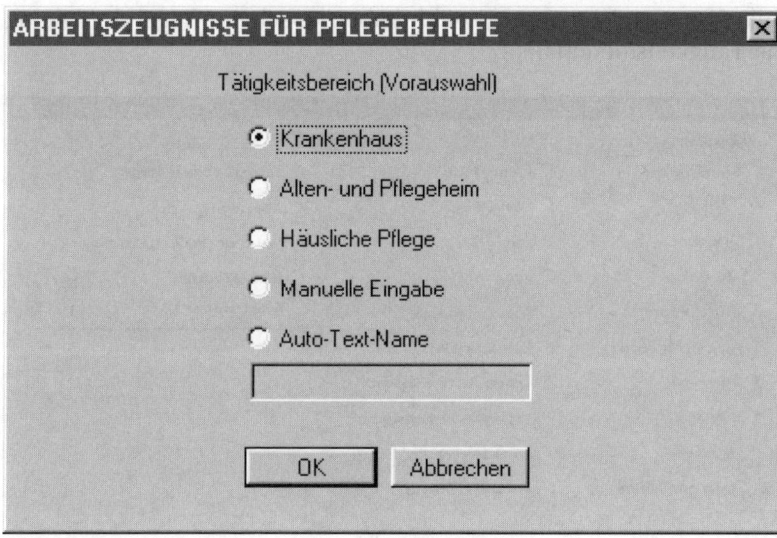

Abb. 7–6 *Vorauswahl des Tätigkeitsbereichs*

Um die große Zahl der Tätigkeitsbereiche übersichtlich darzustellen, treffen Sie in der Vorauswahl eine Einschränkung der möglichen Tätigkeitsmerkmale. Falls Sie von den vordefinierten Tätigkeitsmerkmalen keinen Gebrauch machen möchten, wählen Sie »Manuelle Eingabe«. Im Zeugnis werden daraufhin Zeilen zum Eintragen der Tätigkeitsmerkmale freigelassen, in die Sie nach Abschluß der Zeugniserstellung Ihre Eingaben tätigen können.

Sie haben die Möglichkeit eigene Tätigkeitsmerkmale zu erstellen und sie als Auto-Text-Einträge in Word® zu speichern. Erstellen Sie hierzu Ihre Tätigkeitsmerkmale und markieren Sie diese mit der Maus. Klicken Sie danach mit der Maus auf das Symbol »Aufzählungszeichen« in der Symbolleiste von Word®. Versehen Sie Ihren Text mit der Schriftgröße 10. Wählen Sie danach »Bearbeiten« und »Auto-Text...«. Jetzt können Sie Ihren Tätigkeitsmerkmalen einen beliebigen Namen zuordnen. Danach drücken Sie »Hinzufügen« (lesen Sie dazu auch unter »Auto-Text definieren« in Ihrem Benutzerhandbuch zu Microsoft® Word®. Wenn Sie in Zukunft im oben dargestellten Dialog unter »Auto-Text-Name« den von Ihnen vergebenen Namen Ihrer Tätigkeitsmerkmale eintragen, werden diese bei der Erstellung des Zeugnisses automatisch eingesetzt.

Falls Sie »Krankenhaus« gewählt haben, erscheint folgender Dialog mit Tätigkeitsmerkmalen:

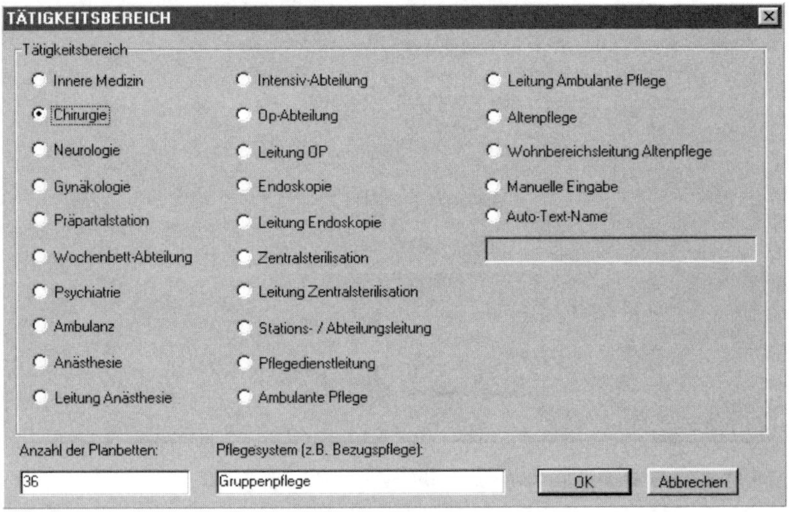

Abb. 7–7 *Auswahl des Tätigkeitsbereichs »Krankenhaus«*

Wählen Sie den Bereich aus, in dem der Mitarbeiter tätig war. Dadurch werden automatisch die vorgefertigten Tätigkeitsmerkmale für die Aufgabengebiete in das Zeugnis eingetragen.

Unter »Anzahl der Planbetten« soll die Bettenzahl der Station angegeben werden. Als »Pflegesystem« kann z. B. Funktionspflege, Zimmerpflege, Gruppenpflege oder Bezugspflege angegeben werden. Für Funktionsbereiche werden die Eingabemöglichkeiten für »Anzahl der Planbetten« und »Pflegesystem« deaktiviert.

Falls Sie »Alten- und Pflegeheim« gewählt haben, erscheint folgender Dialog mit Tätigkeitsmerkmalen:

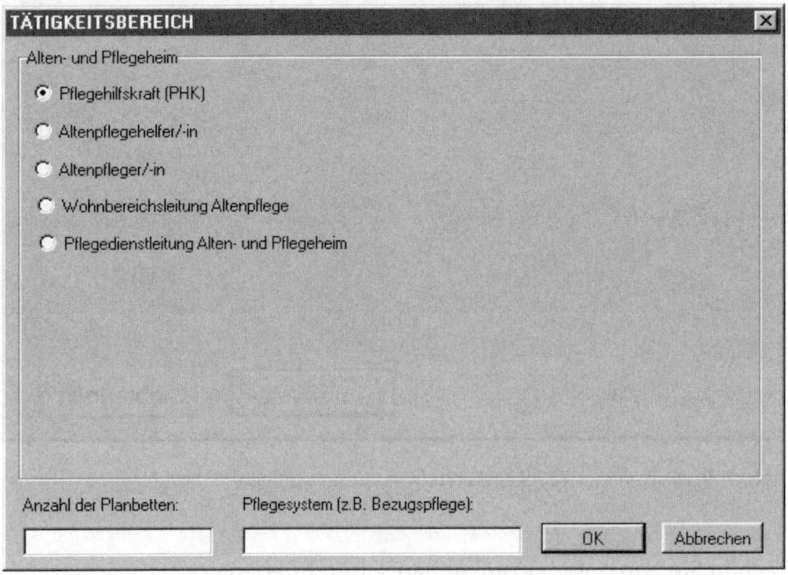

Abb. 7–8 *Auswahl des Tätigkeitsbereichs »Alten- und Pflegeheim«*

Gehen Sie wie unter »Krankenhaus« beschrieben vor.

Falls Sie »Häusliche Pflege« gewählt haben, erscheint folgender Dialog mit Tätigkeitsmerkmalen:

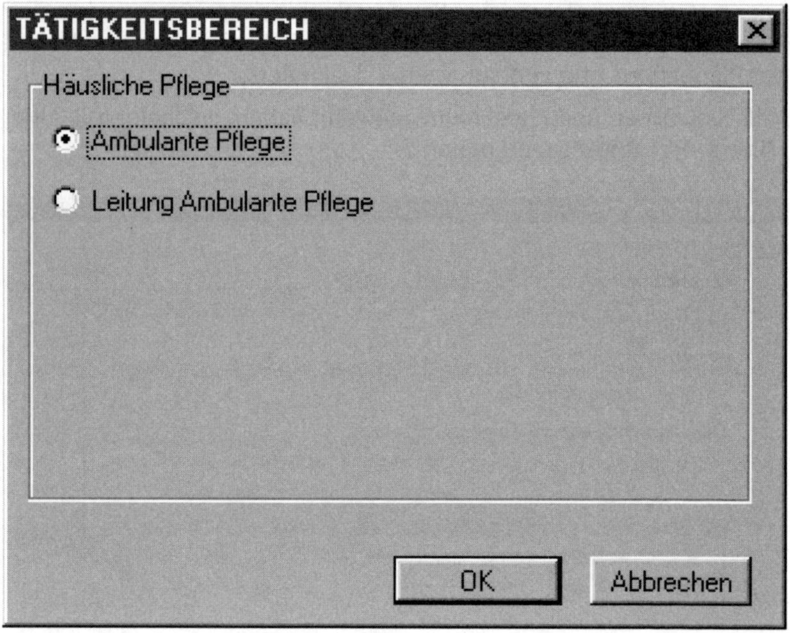

Abb. 7–9 *Auswahl des Tätigkeitsbereichs »Häusliche Pflege«*

Gehen Sie wie unter »Krankenhaus« beschrieben vor.

7.4.1 Tätigkeitsbereich Krankenhaus

Pflegehilfskraft (PHK) (Krankenhaus)

- Grundpflege nach Anleitung und Standards und Assistenz bei der Behandlungspflege
- Mitarbeit bei der psychosozialen Betreuung
- Durchführung von hauswirtschaftlichen Tätigkeiten im Pflegebereich
- Nach Einweisung in die Pflegedokumentation eigenverantwortliches Eintragen selbständig ausgeführter Tätigkeiten
- Teilnahme an Übergaben, Dienst- und Teambesprechungen
- Einhaltung der einschlägigen gesetzlichen Bestimmungen
- Wirtschaftlicher Umgang mit Gebrauchsmaterialien und Pflegehilfsmittel
- Mitarbeit bei der Umsetzung des Pflegeleitbildes

Krankenpflegehelfer/-in (KPH)

- Grundpflege und Assistenz bei der Behandlungspflege
- Mitarbeit bei der psychosozialen Betreuung
- Nach Einweisung in die Pflegedokumentation, eigenverantwortliches Eintragen selbständig ausgeführter Tätigkeiten
- Anleitung von Pflegehilfspersonal und Schülern/innen im Rahmen ihrer Kompetenzen
- Teilnahme an Übergaben, Dienst- und Teambesprechungen
- Einhaltung der einschlägigen gesetzlichen Bestimmungen, insbesondere der Hygiene- und Unfallverhütungsvorschriften
- Wirtschaftlicher Umgang mit Gebrauchsmaterialien und Pflegehilfsmittel
- Mitarbeit bei der Umsetzung des Pflegeleitbildes

Krankenschwester/-pfleger

- Organisation und Durchführung der individuellen Grund- und Behandlungspflege einschließlich der psychosozialen Betreuung
- Erstellung einer Pflege- bzw. Sozialanamnese
- Teilnahme an Pflegevisiten
- Mitwirkung bei der Pflegedokumentation
- Bereitstellen und verabreichen von Medikamenten
- Begleitung von Schwerstkranken und Sterbenden
- Einbeziehung von Angehörigen und/oder Therapeuten in den Pflegeprozeß
- Anleitung neuer Mitarbeiter, Schüler/innen und Praktikanten/innen
- Einhaltung der einschlägigen gesetzlichen Bestimmungen
- Anfordern von Gebrauchsmaterialien und Pflegehilfsmittel und dessen wirtschaftliche Verwendung
- Teilnahme an Übergaben, Dienst- und Teambesprechungen
- Mitarbeit bei der Umsetzung des Pflegeleitbildes
- Ausarbeitung von ärztlichen Visiten

Innere Medizin

- Durchführung der allgemeinen und speziellen Pflege im Rahmen des Pflegeprozesses
- Aufnahme und Entlassung von Patienten beziehungsweise deren Überleitung in andere Einrichtungen
- Vorbereitung, Mithilfe und Nachsorge bei diagnostischen und therapeutischen Maßnahmen wie Punktionen, endoskopische Eingriffe, Lagerungen, medikamentöse Therapie

- Durchführung der Pflegedokumentation und administrativer Tätigkeiten
- Begleitung von schwerkranken und sterbenden Patienten und deren Angehörigen
- Kommunikation mit Patienten, Angehörigen und Selbsthilfegruppen
- Anleitung neuer Mitarbeiter, Auszubildender und Praktikanten
- Einhaltung von Hygiene- und Unfallverhütungsvorschriften sowie der Strahlenschutz- und Gefahrenstoffverordnung
- Bedienung und Wartung von Geräten nach der Medizingeräteverordnung
- Bestellen von Medikamenten und Verbrauchsgütern

Leitung Innere Medizin

- Dienstplangestaltung und Koordinierung der Arbeitsabläufe
- Teilnahme an Besprechungen des ärztlichen Dienstes der Anästhesie sowie der operativen Abteilungen und regelmäßige Teilnahme an den Stationsleitungs-/Abteilungsleitungsbesprech-ungen des Hauses
- Überwachung/Einhaltung der Hygienestandards sowie der gesetzlichen Bestimmungen über Unfallverhütung, Strahlen- und Explosionsschutz sowie der Gefahrenstoffverordnung und der MedGV
- Geräteneubestellung und -verwaltung
- Beurteilung von Mitarbeitern und Weiterbildungsteilnehmern
- Überwachung des Ausbildungsstands der Weiterbildungsteilnehmer
- Durchführung regelmäßiger abteilungsinterner Fortbildungen
- Motivation der Mitarbeiter zu externen Fortbildungen
- Mitsprache bei neuen Projekten/Zielsetzungen/Perspektiven der Abteilung
- Erstellen von Statistiken und des Jahresabschlußberichts
- Durchführung der allgemeinen und speziellen Pflege im Rahmen des Pflegeprozesses
- Aufnahme und Entlassung von Patienten beziehungsweise deren Überleitung in andere Einrichtungen
- Vorbereitung, Mithilfe und Nachsorge bei diagnostischen und therapeutischen Maßnahmen wie Punktionen, endoskopische Eingriffe, Lagerungen, medikamentöse Therapie
- Durchführung der Pflegedokumentation und administrativer Tätigkeiten
- Begleitung von schwerkranken und sterbenden Patienten und deren Angehörigen

- Kommunikation mit Patienten, Angehörigen und Selbsthilfegruppen
- Anleitung neuer Mitarbeiter, Auszubildender und Praktikanten
- Einhaltung von Hygiene- und Unfallverhütungsvorschriften sowie der Strahlenschutz- und Gefahrenstoffverordnung
- Bedienung und Wartung von Geräten nach der Medizingeräteverordnung
- Bestellen von Medikamenten und Verbrauchsgütern

Chirurgie
- Durchführung der allgemeinen und speziellen Pflege im Rahmen des Pflegeprozesses
- Aufnahme und Entlassung von Patienten beziehungsweise deren Überleitung in andere Einrichtungen
- Vorbereitung, Mithilfe und Nachsorge bei diagnostischen, operativen und therapeutischen Maßnahmen wie endoskopische Eingriffe, therapeutische Lagerung sowie Umgang mit speziellen Verbänden, Drainagen und Schienen
- Durchführung der Pflegedokumentation und administrativer Tätigkeiten
- Begleitung Schwerkranker, Sterbender und deren Angehörigen
- Kommunikation mit Patienten, Angehörigen und Selbsthilfegruppen
- Anleitung neuer Mitarbeiter, Schüler und Praktikanten
- Einhaltung von Hygiene- und Unfallverhütungsvorschriften sowie der Strahlenschutz- und Gefahrenstoffverordnung
- Bedienung und Wartung von Geräten nach der Medizingeräteverordnung
- Bestellen von Medikamenten und Verbrauchsgütern

Leitung Chirurgie
- Dienstplangestaltung und Koordinierung der Arbeitsabläufe
- Teilnahme an Besprechungen des ärztlichen Dienstes der Anästhesie sowie der operativen Abteilungen und regelmäßige Teilnahme an den Stationsleitungs-/Abteilungsleitungsbesprechungen des Hauses
- Überwachung/Einhaltung der Hygienestandards sowie der gesetzlichen Bestimmungen über Unfallverhütung, Strahlen- und Explosionsschutz sowie der Gefahrenstoffverordnung und der MedGV
- Geräteneubestellung und -verwaltung
- Beurteilung von Mitarbeitern und Weiterbildungsteilnehmern
- Überwachung des Ausbildungsstands der Weiterbildungsteilnehmer

- Durchführung regelmäßiger abteilungsinterner Fortbildungen
- Motivation der Mitarbeiter zu externen Fortbildungen
- Mitsprache bei neuen Projekten/Zielsetzungen/Perspektiven der Abteilung
- Erstellen von Statistiken und des Jahresabschlußberichts
- Durchführung der allgemeinen und speziellen Pflege im Rahmen des Pflegeprozesses
- Aufnahme und Entlassung von Patienten beziehungsweise deren Überleitung in andere Einrichtungen
- Vorbereitung, Mithilfe und Nachsorge bei diagnostischen, operativen und therapeutischen Maßnahmen wie endoskopische Eingriffe, therapeutische Lagerung sowie Umgang mit speziellen Verbänden, Drainagen und Schienen
- Durchführung der Pflegedokumentation und administrativer Tätigkeiten
- Begleitung Schwerkranker, Sterbender und deren Angehörigen
- Kommunikation mit Patienten, Angehörigen und Selbsthilfegruppen
- Anleitung neuer Mitarbeiter, Schüler und Praktikanten
- Einhaltung von Hygiene- und Unfallverhütungsvorschriften sowie der Strahlenschutz- und Gefahrenstoffverordnung
- Bedienung und Wartung von Geräten nach der Medizingeräteverordnung
- Bestellen von Medikamenten und Verbrauchsgütern

Gynäkologie

- Durchführung der Grund- und fachspezifischen Behandlungspflege sowie der psycho-sozialen Betreuung der Patientinnen
- Durchführung spezieller Pflege bei onkologisch erkrankten Patientinnen
- Beratung und Anleitung bei Hygienemaßnahmen und Körperpflege
- Begleitung von schwerkranken und sterbenden Patientinnen und deren Angehörigen
- Führen der Pflegedokumentation und administrative Tätigkeiten
- Anleitung neuer Mitarbeiter und Schüler
- Kommunikation mit Patientinnen, Angehörigen und Selbsthilfegruppen
- Einhaltung von Hygiene- und Unfallverhütungsvorschriften sowie der Strahlenschutz-, Gefahrenstoff- und Medizingeräteverordnung
- Bestellung von Medikamenten und Verbrauchsgütern

Leitung Gynäkologie
- Dienstplangestaltung und Koordinierung der Arbeitsabläufe
- Leitung der Mitarbeiterbesprechungen
- Teilnahme an den Stationsleitungsbesprechungen des Hauses sowie Zusammenarbeit mit dem ärztlichen Dienst der Abteilung
- Beurteilung von Mitarbeitern und Hebammenschülern
- Einführung/Einarbeitung neuer Mitarbeiter und Hebammenschüler
- Durchführung regelmäßiger abteilungsinterner Fortbildungen
- Sicherstellung der Einhaltung der gesetzlichen Bestimmungen
- Mitsprache bei neuen Projekten/Zielsetzungen/Perspektiven der Abteilung
- Erstellen von Statistiken und des Jahresabschlußberichts
- Durchführung der Grund- und fachspezifischen Behandlungspflege sowie der psycho-sozialen Betreuung der Patientinnen
- Durchführung spezieller Pflege bei onkologisch erkrankten Patientinnen
- Beratung und Anleitung bei Hygienemaßnahmen und Körperpflege
- Begleitung von schwerkranken und sterbenden Patientinnen und deren Angehörigen
- Führen der Pflegedokumentation und administrative Tätigkeiten
- Anleitung neuer Mitarbeiter und Schüler
- Kommunikation mit Patientinnen, Angehörigen und Selbsthilfegruppen
- Einhaltung von Hygiene- und Unfallverhütungsvorschriften sowie der Strahlenschutz-, Gefahrenstoff- und Medizingeräteverordnung
- Bestellung von Medikamenten und Verbrauchsgütern

Praepartalstation
- Grund- und fachspezifische Behandlungspflege sowie psychosoziale Betreuung von Frauen mit Schwangerschaftskomplikationen und Risikoschwangerschaften
- Überwachung der Schwangerschaft
- Beratung der Schwangeren in den Bereichen Ernährung, Hygieneverhalten, Körperpflege, Bekleidung sowie Stillberatung

Leitung Praepartalstation
- Dienstplangestaltung und Koordinierung der Arbeitsabläufe
- Leitung der Mitarbeiterbesprechungen
- Teilnahme an den Stationsleitungsbesprechungen des Hauses sowie Zusammenarbeit mit dem ärztlichen Dienst der Abteilung
- Beurteilung von Mitarbeitern und Hebammenschülern

- Einführung/Einarbeitung neuer Mitarbeiter und Hebammenschüler
- Durchführung regelmäßiger abteilungsinterner Fortbildungen
- Sicherstellung der Einhaltung der gesetzlichen Bestimmungen
- Mitsprache bei neuen Projekten/Zielsetzungen/Perspektiven der Abteilung
- Erstellen von Statistiken und des Jahresabschlußberichts
- Grund- und fachspezifische Behandlungspflege sowie psychosoziale Betreuung von Frauen mit Schwangerschaftskomplikationen und Risikoschwangerschaften
- Überwachung der Schwangerschaft
- Beratung der Schwangeren in den Bereichen Ernährung, Hygieneverhalten, Körperpflege, Bekleidung sowie Stillberatung

Wochenbett-Abteilung

- Spezielle Wochenbettpflege; auch nach operativen Entbindungen
- Pflege und Anleitung zur Selbstpflege bei Geburtsverletzungen
- Beratung und Anleitung bei Hygienemaßnahmen, Brustpflege; Körperpflege, Bekleidung; Sitzbäder; verdauungs-, durchblutungs- und rückbildungsfördernden Maßnahmen sowie Ernährungs- und Stillberatung

Leitung Wochenbett-Abteilung

- Dienstplangestaltung und Koordinierung der Arbeitsabläufe
- Leitung der Mitarbeiterbesprechungen
- Teilnahme an den Stationsleitungsbesprechungen des Hauses sowie Zusammenarbeit mit dem ärztlichen Dienst der Abteilung
- Beurteilung von Mitarbeitern und Hebammenschülern
- Einführung/Einarbeitung neuer Mitarbeiter und Hebammenschüler
- Durchführung regelmäßiger abteilungsinterner Fortbildungen
- Sicherstellung der Einhaltung der gesetzlichen Bestimmungen
- Mitsprache bei neuen Projekten/Zielsetzungen/Perspektiven der Abteilung
- Erstellen von Statistiken und des Jahresabschlußberichts
- Spezielle Wochenbettpflege; auch nach operativen Entbindungen
- Pflege und Anleitung zur Selbstpflege bei Geburtsverletzungen
- Beratung und Anleitung bei Hygienemaßnahmen, Brustpflege; Körperpflege, Bekleidung; Sitzbäder; verdauungs-, durchblutungs- und rückbildungsfördernden Maßnahmen sowie Ernährungs- und Stillberatung

Neurologie

- Durchführung der Grund- und fachspezifischen Behandlungspflege
- Administrative Tätigkeiten
- Erkennen und Berichterstattung spezieller Verhaltensmuster von Patienten
- Therapeutisch-aktivierende Pflege vor allem bei neuro-psychiatrischen Patienten
- Kenntnisse von Psychopharmaka und deren Wirkungen
- Neueinstellungen beziehungsweise Umstellungen von Dosierungen
- Kommunikation mit/und Betreuung von Patienten und deren Angehörigen
- Vorbereitung und Assistenz bei diagnostischen und therapeutischen Maßnahmen
- Assistenz und Bezugsperson bei EMG, EEG sowie bei Videoaufnahmen

Leitung Neurologie

- Dienstplangestaltung und Koordinierung der Arbeitsabläufe
- Teilnahme an Besprechungen des ärztlichen Dienstes der Anästhesie sowie der operativen Abteilungen und regelmäßige Teilnahme an den Stationsleitungs-/Abteilungsleitungsbesprechungen des Hauses
- Überwachung/Einhaltung der Hygienestandards sowie der gesetzlichen Bestimmungen über Unfallverhütung, Strahlen- und Explosionsschutz sowie der Gefahrenstoffverordnung und der MedGV
- Geräteneubestellung und -verwaltung
- Beurteilung von Mitarbeitern und Weiterbildungsteilnehmern
- Überwachung des Ausbildungsstands der Weiterbildungsteilnehmer
- Durchführung regelmäßiger abteilungsinterner Fortbildungen
- Motivation der Mitarbeiter zu externen Fortbildungen
- Mitsprache bei neuen Projekten/Zielsetzungen/Perspektiven der Abteilung
- Erstellen von Statistiken und des Jahresabschlußberichts
- Durchführung der Grund- und fachspezifischen Behandlungspflege
- Administrative Tätigkeiten
- Erkennen und Berichterstattung spezieller Verhaltensmuster von Patienten
- Therapeutisch-aktivierende Pflege vor allem bei neuro-psychiatrischen Patienten

- Kenntnisse von Psychopharmaka und deren Wirkungen
- Neueinstellungen beziehungsweise Umstellungen von Dosierungen
- Kommunikation mit/und Betreuung von Patienten und deren Angehörigen
- Vorbereitung und Assistenz bei diagnostischen und therapeutischen Maßnahmen
- Assistenz und Bezugsperson bei EMG, EEG sowie bei Videoaufnahmen

Psychiatrie
- Krisenintervention
- Gesprächsführung mit Patienten, Angehörigen und Personen aus dem sozialen Umfeld
- Trainingsmaßnahmen im Bereich der Lebensaktivitäten
- Mitwirkung bei allen therapeutischen Maßnahmen
- Begleitung bei Hausbesuchen und Vorstellungsterminen in sonstigen Einrichtungen
- Durchführung von Stationsversammlungen, Sozialtraining, Aktivitätsgruppen im Rahmen des therapeutischen Stationsmilieus; Planung, Gestaltung und Durchführung von außerstationären Aktivitäten
- Dienstübergaben, Teilnahme an Therapiekonferenzen, Konzeptbesprechungen im Team
- Teilnahme an stationsübergreifenden Dienstbesprechungen, Supervision und Balintgruppe
- Führen einer speziellen Dokumentation sowie administrative Tätigkeiten
- Anleitung und Unterweisung von neuen Mitarbeitern

Leitung Psychiatrie
- Dienstplangestaltung und Koordinierung der Arbeitsabläufe
- Teilnahme an Besprechungen des ärztlichen Dienstes der Anästhesie sowie der operativen Abteilungen und regelmäßige Teilnahme an den Stationsleitungs-/Abteilungsleitungsbesprechungen des Hauses
- Überwachung/Einhaltung der Hygienestandards sowie der gesetzlichen Bestimmungen über Unfallverhütung, Strahlen- und Explosionsschutz sowie der Gefahrenstoffverordnung und der MedGV
- Geräteneubestellung und -verwaltung
- Beurteilung von Mitarbeitern und Weiterbildungsteilnehmern

- Überwachung des Ausbildungsstands der Weiterbildungsteilnehmer
- Durchführung regelmäßiger abteilungsinterner Fortbildungen
- Motivation der Mitarbeiter zu externen Fortbildungen
- Mitsprache bei neuen Projekten/Zielsetzungen/Perspektiven der Abteilung
- Erstellen von Statistiken und des Jahresabschlußberichts
- Krisenintervention
- Gesprächsführung mit Patienten, Angehörigen und Personen aus dem sozialen Umfeld
- Trainingsmaßnahmen im Bereich der Lebensaktivitäten
- Mitwirkung bei allen therapeutischen Maßnahmen
- Begleitung bei Hausbesuchen und Vorstellungsterminen in sonstigen Einrichtungen
- Durchführung von Stationsversammlungen, Sozialtraining, Aktivitätsgruppen im Rahmen des therapeutischen Stationsmilieus; Planung, Gestaltung und Durchführung von außerstationären Aktivitäten
- Dienstübergaben, Teilnahme an Therapiekonferenzen, Konzeptbesprechungen im Team
- Teilnahme an stationsübergreifenden Dienstbesprechungen, Supervision und Balintgruppe
- Führen einer speziellen Dokumentation sowie administrative Tätigkeiten
- Anleitung und Unterweisung von neuen Mitarbeitern

Anästhesie-Abteilung

- Überwachung der Patienten vor, während und nach der Anästhesie, Monitoring
- Rasches, zielgerichtetes Handeln bei Reanimation und Krisensituationen
- Einhalten der speziellen Asepsis sowie der Hygienemaßnahmen
- Vorbereitung, Assistenz und Nachbereitung bei Anästhesien und Schmerztherapien
- Vorbereitung und Nachbereitung der Geräte, Räume und Materialien für die Anästhesie
- Funktionsgerechtes Bedienen der Geräte nach der MedGV
- Mithilfe bei speziellen Lagerungen des Patienten
- Spezielle Dokumentation
- Personal- und patientenschonender, sparsamer Umgang mit Materialien, Materialverwaltung

- Zusammenarbeit mit Mitarbeitern anderer Abteilungen
- Einweisung neuer Mitarbeiter, evtl. Betreuung von Weiterbildungsteilnehmern
- Teilnahme an allen Besprechungen

Leitung-Anästhesie

- Schaffung eines positiven Arbeits- und Fortbildungsklimas
- Dienstplangestaltung und Koordination der Arbeitsabläufe
- Teilnahme an Besprechungen des ärztlichen Dienstes der Anästhesie sowie der operativen Abteilungen und regelmäßige Teilnahme an den Stations/Abteilungsleitungsbesprechungen des Hauses
- Überwachung der Einhaltung von Hygiene- und Unfallverhütungsvorschriften sowie der Medizingeräte-, Strahlenschutz- und Gefahrstoffverordnung
- Gerätebestellung und -verwaltung
- Beurteilung von Mitarbeitern und Weiterbildungsteilnehmern
- Einführung/Einarbeitung neuer Mitarbeiter und Überwachung des Ausbildungsstands der Weiterbildungsteilnehmer
- Durchführung regelmäßiger abteilungsinterner Fortbildungen
- Mitsprache bei neuen Projekten/Zielsetzungen/Perspektiven der Abteilung
- Erstellen von Statistiken und des Jahresabschlußberichts der Abteilung
- Überwachung der Patienten vor, während und nach der Anästhesie, Monitoring
- Rasches, zielgerichtetes Handeln bei Reanimation und Krisensituationen
- Einhalten der speziellen Asepsis sowie der Hygienemaßnahmen
- Vorbereitung, Assistenz und Nachbereitung bei Anästhesien und Schmerztherapien
- Vorbereitung und Nachbereitung der Geräte, Räume und Materialien für die Anästhesie
- Funktionsgerechtes Bedienen der Geräte nach der MedGV
- Mithilfe bei speziellen Lagerungen des Patienten
- Spezielle Dokumentation
- Personal- und patientenschonender, sparsamer Umgang mit Materialien, Materialverwaltung
- Zusammenarbeit mit Mitarbeitern anderer Abteilungen
- Einweisung neuer Mitarbeiter, evtl. Betreuung von Weiterbildungsteilnehmern
- Teilnahme an allen Besprechungen

OP-Abteilung

- Durchführung spezieller Pflegemaßnahmen: Lagern, Prophylaxen, Verbände, Gipse, Schienen
- Prä-, intra- und postoperative Maßnahmen am Patienten; Ein- und Ausschleusen
- Einhaltung der Unfallverhütungsvorschriften, der MedGV, des Strahlen-, Brand- und Explosionsschutzes sowie spezieller Hygienevorschriften
- Spezielle Dokumentation
- Instrumentierdienste, Springerdienste
- Geräte-, Instrumenten- und Raumdesinfektion; Verpacken der Instrumente und Sterilisation
- Umgang mit speziellen Materialien, Geräten und Produkten
- Zusammenarbeit mit Mitarbeitern anderer Abteilungen
- Einarbeiten/Einweisen von neuen Mitarbeitern und Weiterbildungsteilnehmern
- Mitwirkung an der Gestaltung der Organisation z. B. des OP-Plans, des Dienstplans

Leitung OP

- Dienstplangestaltung und Koordinierung der Arbeitsabläufe
- Leitung der Mitarbeiterbesprechungen der OP-Abteilung
- Teilnahme an OP-Plan-Organisation und externen Besprechungen
- Überwachung/Einhaltung der Hygienestandards sowie der gesetzlichen Bestimmungen über Unfallverhütung, Strahlen- und Explosionsschutz sowie der Gefahrenstoffverordnung und der MedGV
- Geräteneubestellung und -verwaltung
- Beurteilung von Mitarbeitern und Weiterbildungsteilnehmern
- Überwachung des Ausbildungsstands der Weiterbildungsteilnehmer
- Durchführung regelmäßiger abteilungsinterner Fortbildungen
- Motivation der Mitarbeiter zu externen Fortbildungen
- Mitsprache/Mitgestaltung bei der Einführung neuer Operationsmethoden/-techniken
- Erstellen von Statistiken und des Jahresabschlußberichts
- Durchführung spezieller Pflegemaßnahmen: Lagern, Prophylaxen, Verbände, Gipse, Schienen
- Prä-, intra- und postoperative Maßnahmen am Patienten; Ein- und Ausschleusen
- Einhaltung der Unfallverhütungsvorschriften, der MedGV, des Strahlen-, Brand- und Explosionsschutzes sowie spezieller Hygienevorschriften

- Spezielle Dokumentation
- Instrumentierdienste, Springerdienste
- Geräte-, Instrumenten- und Raumdesinfektion; Verpacken der Instrumente und Sterilisation
- Umgang mit speziellen Materialien, Geräten und Produkten
- Zusammenarbeit mit Mitarbeitern anderer Abteilungen
- Einarbeiten/Einweisen von neuen Mitarbeitern und Weiterbildungsteilnehmern
- Mitwirkung an der Gestaltung der Organisation z. B. des OP-Plans, des Dienstplans

Endoskopie
- Kommunikative, kooperative und organisatorische Aufgaben
- Vorbereitung, Mitarbeit und Nachbereitung in Diagnostik und Therapie
- Betreuung der Patienten vor, während und nach der Untersuchung
- Versorgung des Untersuchungsmaterials
- Einhalten der speziellen Asepsis, der Hygienevorschriften sowie der Medizingeräte-, Strahlenschutz- und Gefahrenstoffverordnung
- Instrumenten- und Geräteaufbereitung sowie deren Desinfektion
- Pflege- und Funktionsprüfung der medizinisch-technischen Geräte
- Dokumentation und administrative Aufgaben

Leitung Endoskopie
- Mitarbeitergespräche planen, führen sowie die Beurteilung der Mitarbeiter
- Dienstplangestaltung und Koordinierung der Arbeitsabläufe und Zusammenarbeit mit den ablaufrelevanten Bereichen
- Durchführung regelmäßiger abteilungsinterner Besprechungen
- Überwachung der Einhaltung der Hygienevorschriften sowie der Medizingeräte-, Strahlenschutz- und Gefahrenstoffverordnung
- Durchführung der Nachbestellungen, Reparaturen, Neubestellungen von Instrumenten und Geräten
- Motivation der Mitarbeiter zur Teilnahme an Fort- und Weiterbildungsmaßnahmen
- Mitwirkung bei der Planung und Gestaltung baulicher und organisatorischer Veränderungen
- Erstellen von Statistiken und des Jahresabschlußberichts der Abteilung

Intensiv-Abteilung
- Grund- und fachspezifische Behandlungspflege
- Aufnahme und Verlegung von Intensivpatienten
- Vorbereitung und Mithilfe bei diagnostischen und therapeutischen Maßnahmen
- Durchführung von speziellen Lagerungen
- Fach- und sachgerechte Pflege und Beobachtung von beatmungspflichtigen Patienten einschließlich Trainingsprogramm und speziellen Atemübungen
- Handhabung und Einsatz von Spezialbetten
- Anwendung der Stimulationstherapie
- Führen einer speziellen Dokumentation
- Anleitung von neuen Mitarbeitern, Weiterbildungsteilnehmern und Schülern
- Betreuung der Angehörigen in ihrer besonderen psychischen Situation
- Einsatz und Überwachung des Monitorings
- Durchführung von Notfallmaßnahmen mit Einleiten der Reanimation
- Funktionsgerechtes Bedienen der Geräte nach der Medizingeräteverordnung
- Einhalten der speziellen Asepsis sowie der Hygiene- und Unfallverhütungsvorschriften

Ambulanz
- Aufnahme und Erstbetreuung des Patienten
- Anleitung neuer Mitarbeiter
- Organisation und Koordination des Ambulanzablaufs
- Vorbereitung, Mitarbeit und Nachbereitung von speziellen diagnostischen und therapeutischen Maßnahmen
- Materialverwaltung
- Bereitstellen der Notfallausrüstung
- Einhaltung der Hygienevorschriften sowie der Medizingeräte-, Strahlenschutz- und Gefahrenstoffverordnung
- Führen einer speziellen Dokumentation
- Abrechnung mit der Krankenversicherung
- Erstellen von Statistiken und des Jahresabschlußberichts

Praxisanleiter in der Fachweiterbildung
- Beratung, Betreuung und Begleitung der Weiterbildungsteilnehmer/innen

- Vermittlung von aktuellem pflegerischen Wissen, Pflegetechniken und praktischen Erfahrungen sowie die fachgerechte Anleitung der Weiterbildungsteilnehmer/innen anhand von definierten Lernzielen
- Eigenverantwortliche Planung der Anleitungssituation mit dem/der Weiterbildungsteilnehmer/in
- Erteilung und Gestaltung von praxisbezogenem Unterricht
- Dokumentation der praktischen Anleitung (Inhalt, Verlauf)
- Leistungsbeurteilung anhand von Beurteilungsbögen
- Abnahme der praktischen Prüfung als Fachprüfer/in
- Teilnahme an Mitarbeiterbesprechungen in der Fachweiterbildung
- Mitarbeit bei der Erstellung von Pflegestandards und zur Sicherung der Pflegequalität
- Hospitation an Unterrichten in der Fachweiterbildung
- Mitarbeit bei der Konzeption und Weiterentwicklung von Lernzielkatalog und Leistungsnachweisen
- Mitsprache bei Vorstellungsgesprächen von Weiterbildungsbewerber/innen

Pflegedienstleitung
- Einstellen und Entlassen von Mitarbeitern
- Personalbesetzung nach Pflegeschlüssel sowie Bedarfsplanung
- Erstellen und Überwachung der Einhaltung des Rahmendienstplans
- Sicherstellung der Pflegequalität durch: Pflegestandards, Pflegeplanung und Pflegedokumentation sowie Duchführung von Fort- und Weiterbildungsmaßnahmen
- Erstellen von Arbeits-/Dienstzeugnissen
- Zusammenarbeit in der Aufbauorganisation des Hauses
- Fort- und Weiterbildungsmaßnahmen
- Fachaufsicht im Pflege- und Funktionsbereich
- Überwachung der Umsetzung aller einschlägigen gesetzlichen Bestimmungen
- Zusammenarbeit mit der Schulleitung
- Repräsentative Aufgaben
- Öffentlichkeitsarbeit

Zentralsterilisation
- Durchführung der Wirksamkeitskontrolle der Desinfektions- und Sterilisationsverfahren
- Dokumentation der Sterilisationen sowie der Wirksamkeitskontrollen
- Pflege und Wartung der Instrumente

- Desinfektion, Reinigung, Sterilisation aller angelieferten Materialien
- Fach- und sachgerechtes Packen der Container; Papier- und Textilpackungen korrekt einsetzen
- Einschweißen in Folienverpackungen; Einhalten der Auslüftzeiten
- Lagerhaltung zur Zeit unbenötigter Instrumente
- Ausgabe der benötigten Instrumente, Container usw.
- Wirtschaftliche Beschaffung und Lagerhaltung der Güter

Leitung der Zentralsterilisation
- Dienstplangestaltung und Koordination der Arbeitsabläufe
- Dokumentation der Sterilisationen sowie der Wirksamkeitskontrollen
- Pflege und Wartung der Instrumente
- Desinfektion, Reinigung, Sterilisation aller angelieferten Materialien
- Fach- und sachgerechtes Packen der Container; Papier- und Textilpackungen korrekt einsetzen
- Einschweißen in Folienverpackungen; Einhalten der Auslüftzeiten
- Lagerhaltung zur Zeit unbenötigter Instrumente
- Dokumentation der Sterilisationen sowie der Wirksamkeitskontrollen
- Pflege und Wartung der Instrumente
- Desinfektion, Reinigung, Sterilisation aller angelieferten Materialien
- Fach- und sachgerechtes Packen der Container; Papier- und Textilpackungen korrekt einsetzen
- Einschweißen in Folienverpackungen; Einhalten der Auslüftzeiten
- Lagerhaltung zur Zeit unbenötigter Instrumente
- Ausgabe der benötigten Instrumente, Container usw.
- Wirtschaftliche Beschaffung und Lagerhaltung der Güter

7.4.2 Tätigkeitsbereich Alten- und Pflegeheim

Pflegehilfskraft (PHK) (Alten- und Pflegeheim)
- Grundpflege nach Anleitung und Standards und Assistenz bei der Behandlungspflege
- Einhaltung der einschlägigen gesetzlichen Bestimmungen
- Wirtschaftlicher Umgang mit Gebrauchsmaterialien und Pflegehilfsmittel
- Mitarbeit bei der Umsetzung des Pflegeleitbildes

Altenpflegehelferin (APH)
- Grundpflege und Assistenz bei der Behandlungspflege
- Mitarbeit bei der psychosozialen Betreuung
- Nach Einweisung in die Pflegedokumentation, eigenverantwortliches Eintragen selbständig ausgeführter Tätigkeiten
- Einhaltung der einschlägigen gesetzlichen Bestimmungen
- Wirtschaftlicher Umgang mit Gebrauchsmaterialien und Pflegehilfsmittel
- Mitarbeit bei der Umsetzung des Pflegeleitbildes

Altenpflegehelferin (APH)
- Grundpflege und Assistenz bei der Behandlungspflege
- Mitarbeit bei der psychosozialen Betreuung
- Nach Einweisung in die Pflegedokumentation, eigenverantwortliches Eintragen selbständig ausgeführter Tätigkeiten
- Anleitung von Pflegehilfspersonal und Schülern/innen im Rahmen ihrer Kompetenzen
- Teilnahme an Übergaben, Dienst- und Teambesprechungen
- Einhaltung der einschlägigen gesetzlichen Bestimmungen, insbesondere der Hygiene- und Unfallverhütungsvorschriften
- Mithilfe bei der Betreuung der Hinterbliebenen und bei der Einleitung von Nachlaßregelungen
- Mitwirkung bei der Pflegedokumentation
- Bereitstellen und verabreichen von Medikamenten
- Anleitung neuer Mitarbeiter, Schüler/innen und Praktikanten/innen
- Teilnahme an Übergaben, Dienst- und Teambesprechungen
- Einhaltung der einschlägigen gesetzlichen Bestimmungen
- Mithilfe bei der Betreuung der Hinterbliebenen und bei der Einleitung von Nachlaßregelungen
- Mitwirkung bei der Pflegedokumentation
- Bereitstellen und verabreichen von Medikamenten
- Anleitung neuer Mitarbeiter, Schüler/innen und Praktikanten/innen
- Teilnahme an Übergaben, Dienst- und Teambesprechungen
- Einhaltung der einschlägigen gesetzlichen Bestimmungen
- Wirtschaftlicher Umgang mit Gebrauchsmaterialien und Pflegehilfsmittel
- Mitarbeit bei der Umsetzung des Pflegeleitbildes

Wohnbereichsleitung Altenpflege
- Planung und Koordination des Pflegeeinsatzes
- Überwachung der ordnungsgemäßen Durchführung der ärztlichen

Anordnungen sowie der vorschriftsmäßigen Aufbewahrung der Medikamente
- Beurteilung der nachgeordneten Mitarbeiter
- Sicherstellung der Einhaltung einschlägiger gesetzlicher Bestimmungen
- Verantwortliche Mitarbeit bei der Umsetzung des Pflegeleitbildes
- Grundpflege nach Anleitung und Standards und Assistenz bei der Behandlungspflege
- Organisation und Durchführung der individuellen Grund- und Behandlungspflege
- Überwachung der ordnungsgemäßen Durchführung der ärztlichen Anordnungen sowie der vorschriftsmäßigen Aufbewahrung der Medikamente
- Beurteilung der nachgeordneten Mitarbeiter
- Sicherstellung der Einhaltung einschlägiger gesetzlicher Bestimmungen
- Verantwortliche Mitarbeit bei der Umsetzung des Pflegeleitbildes
- Grundpflege nach Anleitung und Standards und Assistenz bei der Behandlungspflege
- Organisation und Durchführung der individuellen Grund- und Behandlungspflege
- Mitarbeit bei der psychosozialen Betreuung; insbesondere bei der Anleitung, Ermutigung und Hilfe beim Wiedererlernen und Durchführung der Aktivitäten des täglichen Lebens
- Mitwirkung bei der Biographiearbeit
- Pflege und Betreuung Sterbender
- Wirtschaftlicher Umgang mit Gebrauchsmaterialien und Pflegehilfsmittel
- Mitarbeit bei der Umsetzung des Pflegeleitbildes

Pflegedienstleitung Alten- und Pflegeheim
- Schaffung eines positiven Arbeits- und Betriebsklimas
- Mitarbeitermotivation durch Einbeziehung derselben bei den eigenen Arbeitsbereich tangierender Entscheidungen
- Entwicklung von Pflegekonzepten, Standards und die Sicherstellung der Umsetzung in die Praxis
- Initiierung und Entwicklung qualitätssichernder Maßnahmen
- Wirtschaftlicher Umgang mit Gebrauchsmaterialien und Pflegehilfsmittel
- Mitarbeit bei der Umsetzung des Pflegeleitbildes

Pflegedienstleitung Alten- und Pflegeheim

- Schaffung eines positiven Arbeits- und Betriebsklimas
- Mitarbeitermotivation durch Einbeziehung derselben bei den eigenen Arbeitsbereich tangierender Entscheidungen
- Entwicklung von Pflegekonzepten, Standards und die Sicherstellung der Umsetzung in die Praxis
- Initiierung und Entwicklung qualitätssichernder Maßnahmen
- Kontrolling (z. B. Pflegevisiten, Überprüfung der Dokumentation etc.)
- Öffentlichkeitsarbeit
- Entwicklung und Sicherstellung des Pflegeleitbildes
- Personalbedarfsermittlung und Sicherstellung des optimalen Personaleinsatzes
- Mitwirkung bei der Einstellung neuer Mitarbeiter im Bereich der Pflege
- Erstellung von Arbeitszeugnissen
- Sicherstellung der Einhaltung der gesetzlichen Bestimmungen (z. B. Heimgesetz, Betreuungsrecht, Hygienevorschriften, Arbeitsschutzvorschriften etc.)
- Planung und Durchführung innerbetrieblichen Fortbildungsmaßnahmen
- Verwaltung des Pflegebudget
- Kommunikation und Kooperation mit anderen internen und externen Bereichen (Hausärzte, Ämter etc.)
- Mitwirkung bei der Heimaufnahme
- Kontakte zu den Bewohner und deren Angehörige/Betreuer pflegen.

7.4.3 Tätigkeitsbereich Häusliche Pflege

Ambulante Pflege

- Durchführung von Pflegemaßnahmen im Bereich der Kranken- und Altenpflege
- Förderung der Sozialisierung des Klienten und seiner Angehörigen
- Integration der Angehörigen im Rahmen des Pflegeprozesses
- Beratung und Anleitung des Klienten und seiner Angehörigen in der Einrichtung eines Krankenzimmers, in der Durchführung von Pflegemaßnahmen, in der Auswahl und im Umgang mit Pflegehilfsmittel, im Umgang mit medizinisch-technischen Geräten, im Verhalten bei Notsituationen sowie im Todesfall
- Wartung und Verleih von Pflegehilfsmitteln

- Mitwirkung am Abrechnungsverfahren nach den Prinzipien der Pflegeversicherung
- Kooperation mit anderen Hilfsdiensten und Berufsgruppen

Pflegedienstleitung in der Ambulanten Pflege
- Mitwirkung bei der Einstellung neuer Mitarbeiter
- Auswahl geeigneter Mitarbeiter zur Fort- und Weiterbildung
- Führen und beraten der Mitarbeiter bezüglich der Auswahl der Pflegeübernahme von Klienten
- Beschaffung und Einsatz von Pflegehilfsmitteln und sonstigem Inventar
- Überwachung der Einhaltung der Hygiene- und Unfallverhütungsvorschriften
- Wartung des Sterilisators sowie Transport und Lagerung von sterilem Material
- Erstellen und überprüfen von Organisations- sowie Aus- und Fortbildungskonzepten
- Erstellen von Statistiken und des Jahresabschlußberichts zwecks Ermittlung des Pflegebedarfs
- Durchführung von Pflegemaßnahmen im Bereich der Kranken- und Altenpflege
- Förderung der Sozialisierung des Klienten und seiner Angehörigen
- Integration der Angehörigen im Rahmen des Pflegeprozesses
- Beratung und Anleitung des Klienten und seiner Angehörigen in der Einrichtung eines Krankenzimmers, in der Durchführung von Pflegemaßnahmen, in der Auswahl und im Umgang mit Pflegehilfsmittel, im Umgang mit medizinisch-technischen Geräten, im Verhalten bei Notsituationen sowie im Todesfall
- Wartung und Verleih von Pflegehilfsmitteln
- Mitwirkung am Abrechnungsverfahren nach den Prinzipien der Pflegeversicherung
- Kooperation mit anderen Hilfsdiensten und Berufsgruppen

7.5 Arbeitsleistung/Leistungsverhalten

7.5.1 Bewältigung der Arbeitsmenge

Nach Aktivierung dieses Punktes erscheint folgender Dialog:

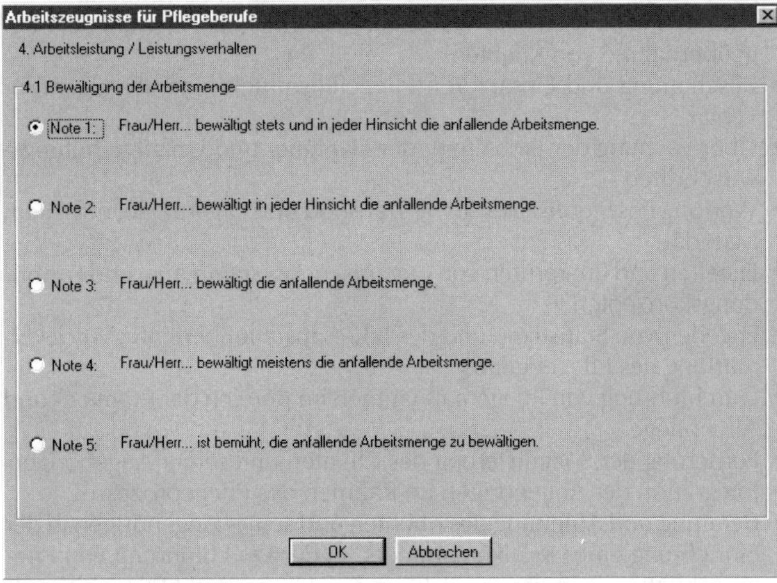

Abb. 7–10 *Dialog Bewältigung der Arbeitsmenge*

Durch Auswählen einer Note mit der Maus wird der entsprechende Text zugeordnet. Sie können die jeweilige Formulierung dem Dialog entnehmen. Sie steht jeweils unmittelbar neben der Note.

Bewältigung der Arbeitsmenge (4.1)

1. Frau/Herr... bewältigt stets und in jeder Hinsicht die anfallende Arbeitsmenge.
2. Frau/Herr... bewältigt in jeder Hinsicht die anfallende Arbeitsmenge.
3. Frau/Herr... bewältigt die anfallende Arbeitsmenge.
4. Frau/Herr... bewältigt meistens die anfallende Arbeitsmenge.
5. Frau/Herr... ist bemüht, die anfallende Arbeitsmenge zu bewältigen.

7.5.2 Zuverlässigkeit

Nach Aktivierung dieses Punktes erscheint folgender Dialog:

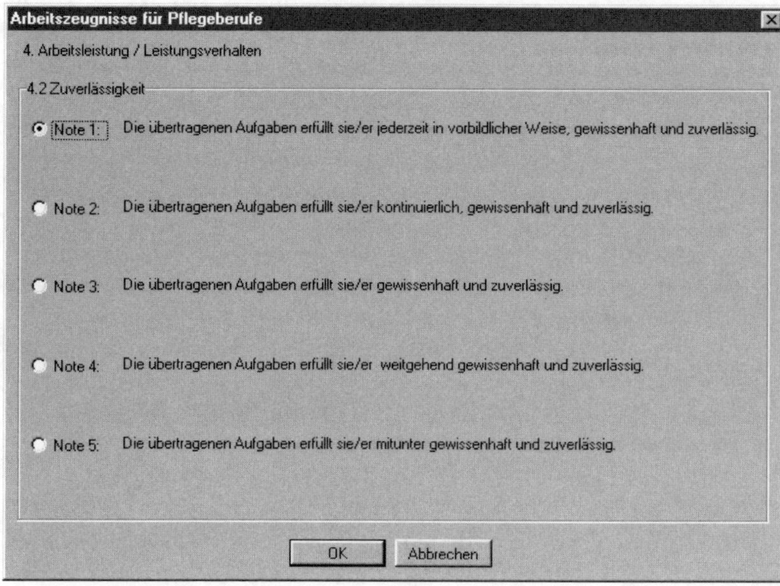

Abb. 7–11 *Dialog Zuverlässigkeit*

Zuverlässigkeit (4.2)

1. Die übertragenen Aufgaben erfüllt sie/er jederzeit in vorbildlicher Weise gewissenhaft und zuverlässig.
2. Die übertragenen Aufgaben erfüllt sie/er kontinuierlich, gewissenhaft und zuverlässig.
3. Die übertragenen Aufgaben erfüllt sie/er gewissenhaft und zuverlässig.
4. Die übertragenen Aufgaben erfüllt sie/er weitgehend gewissenhaft und zuverlässig.
5. Die übertragenen Aufgaben erfüllt sie/er mitunter gewissenhaft und zuverlässig.

7.5.3 Eigenständiges Arbeiten

Nach Aktivierung dieses Punktes erscheint folgender Dialog:

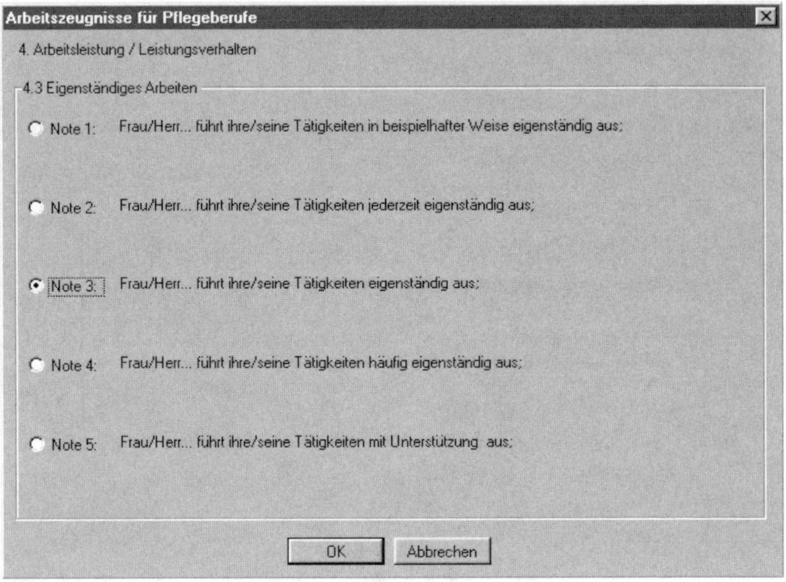

Abb. 7–12 *Dialog Eigenständiges Arbeiten*

Eigenständiges Arbeiten (4.3)

1. Frau/Herr... führt ihre/seine Tätigkeiten in beispielhafter Weise eigenständig aus;
2. Frau/Herr... führt ihre/seine Tätigkeiten jederzeit eigenständig aus;
3. Frau/Herr... führt ihre/seine Tätigkeiten eigenständig aus;
4. Frau/Herr... führt ihre/seine Tätigkeiten häufig eigenständig aus;
5. Frau/Herr... führt ihre/seine Tätigkeiten mit Unterstützung aus;

7.5.4 Situatives Handeln

Nach Aktivierung dieses Punktes erscheint folgender Dialog:

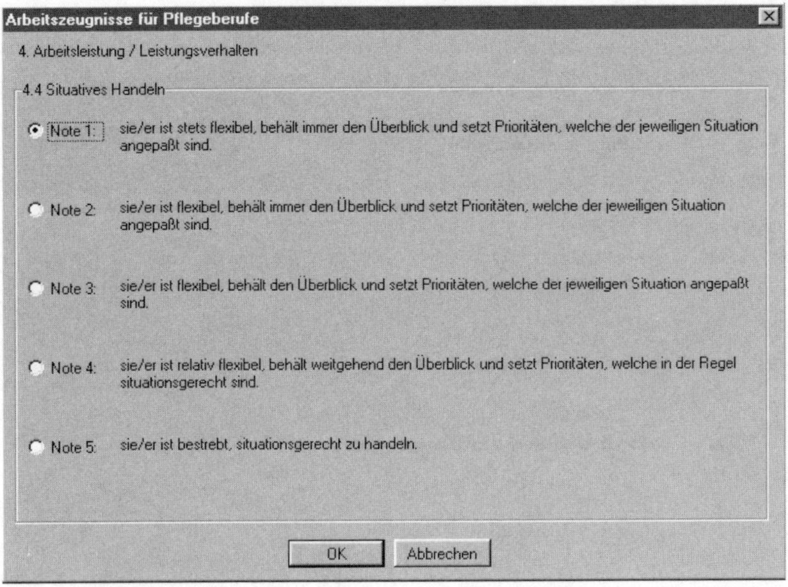

Abb. 7–13 *Dialog Situatives Handeln*

Situatives Handeln (4.4)

1. Sie/Er ist stets flexibel, behält immer den Überblick und setzt Prioritäten, welche der jeweiligen Situation angepaßt sind.
2. Sie/Er ist flexibel, behält immer den Überblick und setzt Prioritäten, welche der jeweiligen Situation angepaßt sind.
3. Sie/Er ist flexibel, behält den Überblick und setzt Prioritäten, welche der jeweiligen Situation angepaßt sind.
4. Sie/Er ist relativ flexibel, behält weitgehend den Überblick und setzt Prioritäten, welche in der Regel situationsgerecht sind.
5. Sie/Er ist bestrebt situationsgerecht zu handeln.

7.5.5 Kreatives und innovatives Denken und Handeln

Nach Aktivierung dieses Punktes erscheint folgender Dialog:

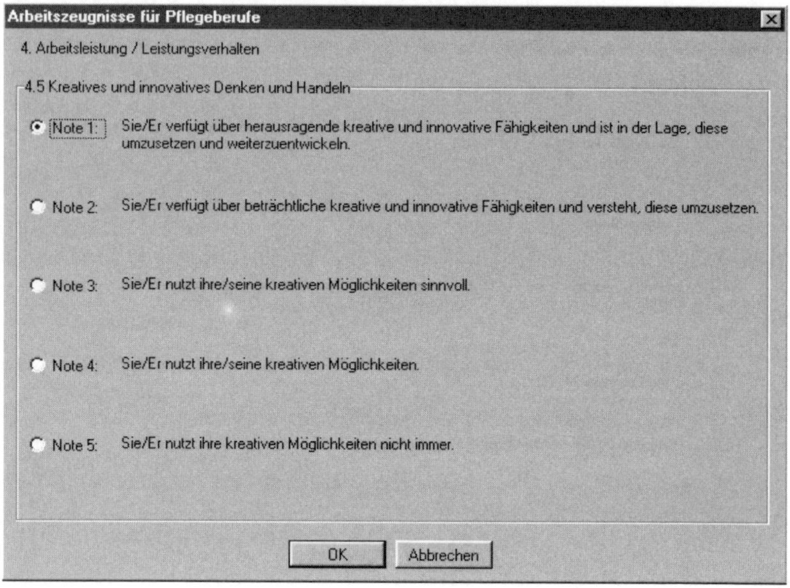

Abb. 7–14 *Dialog Kreatives und innovatives Denken und Handeln*

Kreatives und innovatives Denken und Handeln (4.5)

1. Sie/Er verfügt über herausragende kreative und innovative Fähigkeiten und ist in der Lage, diese umzusetzen und weiterzuentwickeln.
2. Sie/Er verfügt über beträchtliche kreative und innovative Fähigkeiten und versteht, sie umzusetzen.
3. Sie/Er nutzt ihre/seine kreativen Möglichkeiten sinnvoll.
4. Sie/Er nutzt ihre/seine kreativen Möglichkeiten.
5. Sie/Er nutzt ihre/seine kreativen Möglichkeiten nicht immer.

7.5.6 Arbeitsorganisation

Nach Aktivierung dieses Punktes erscheint folgender Dialog:

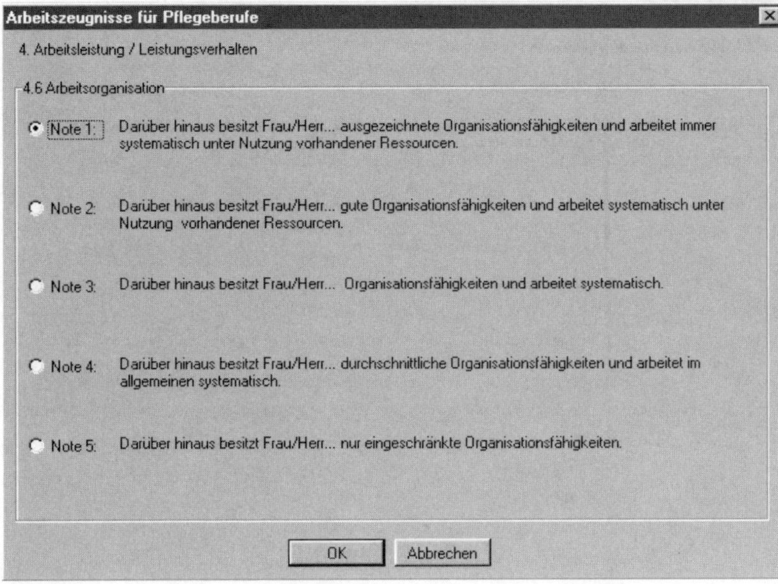

Abb. 7–15 *Dialog Arbeitsorganisation*

Arbeitsorganisation (4.6)

1. Darüber hinaus besitzt Frau/Herr... ausgezeichnete Organisationsfähigkeiten und arbeitet immer systematisch unter Nutzung vorhandener Ressourcen.
2. Darüber hinaus besitzt Frau/Herr... gute Organisationsfähigkeiten und arbeitet systematisch unter Nutzung vorhandener Ressourcen.
3. Darüber hinaus besitzt Frau/Herr... Organisationsfähigkeiten und arbeitet systematisch.
4. Darüber hinaus besitzt Frau/Herr... durchschnittliche Organisationsfähigkeiten und arbeitet im allgemeinen systematisch.
5. Darüber hinaus besitzt Frau/Herr... nur eingeschränkte Organisationsfähigkeiten.

7.5.7 Wirtschaftlicher Einsatz der Arbeitsmittel

Nach Aktivierung dieses Punktes erscheint folgender Dialog:

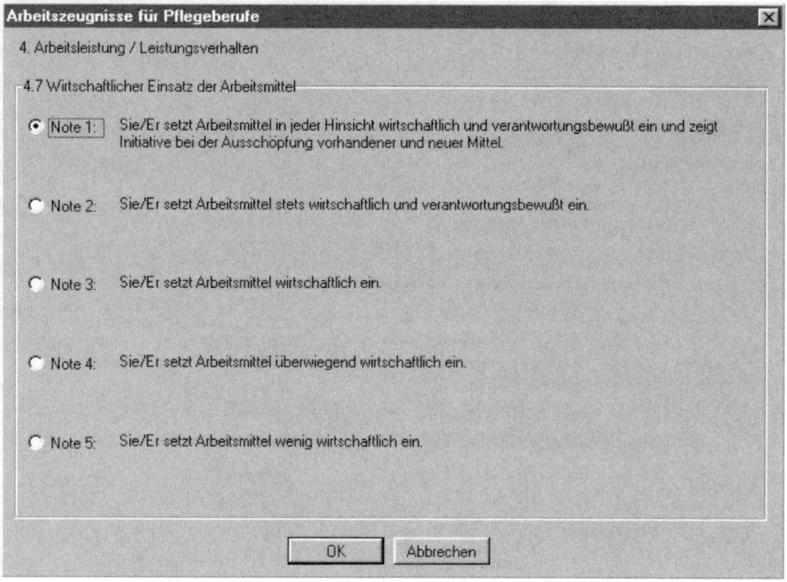

Abb. 7–16 *Dialog Wirtschaftlicher Einsatz der Arbeitsmittel*

Wirtschaftlicher Einsatz der Arbeitsmittel (4.7)

1. Sie/Er setzt Arbeitsmittel in jeder Hinsicht wirtschaftlich und verantwortungsbewußt ein und zeigt Initiative bei der Ausschöpfung vorhandener und neuer Mittel.
2. Sie/Er setzt Arbeitsmittel stets wirtschaftlich und verantwortungsbewußt ein.
3. Sie/Er setzt Arbeitsmittel wirtschaftlich ein.
4. Sie/Er setzt Arbeitsmittel überwiegend wirtschaftlich ein.
5. Sie/Er setzt Arbeitsmittel wenig wirtschaftlich ein.

7.5.8 Umgang mit Informationen

Nach Aktivierung dieses Punktes erscheint folgender Dialog:

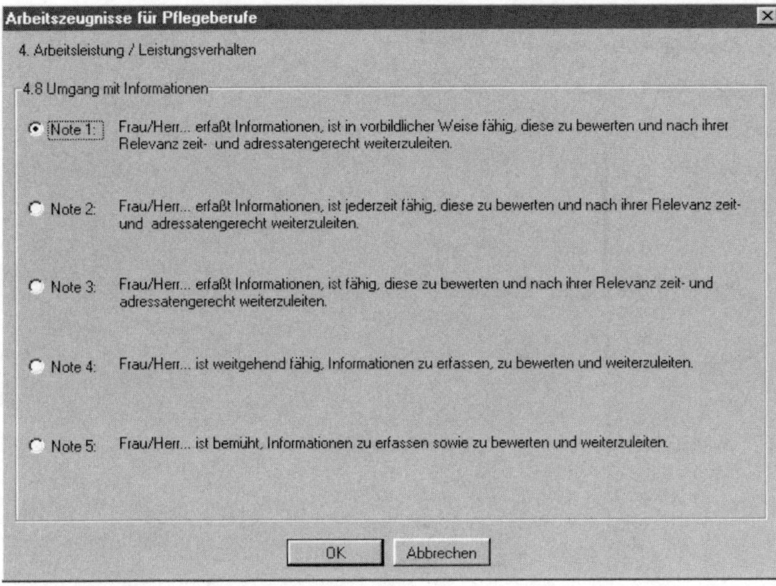

Abb. 7–17 *Dialog Umgang mit Informationen*

Umgang mit Informationen (4.8)

1. Frau/Herr... erfaßt Informationen, ist in vorbildlicher Weise fähig, diese zu bewerten und nach ihrer Relevanz zeit- und adressatengerecht weiterzuleiten.
2. Frau/Herr... erfaßt Informationen, ist jederzeit fähig, diese zu bewerten und nach ihrer Relevanz zeit- und adressatengerecht weiterzuleiten.
3. Frau/Herr... erfaßt Informationen, ist fähig diese zu bewerten und nach ihrer Relevanz zeit- und adressatengerecht weiterzuleiten.
4. Frau/Herr... ist weitgehend fähig, Informationen zu erfassen, zu bewerten und weiterzuleiten.
5. Frau/Herr... ist bemüht, Informationen zu erfassen sowie zu bewerten und weiterzuleiten.

7.5.9 Dokumentation

Nach Aktivierung dieses Punktes erscheint folgender Dialog:

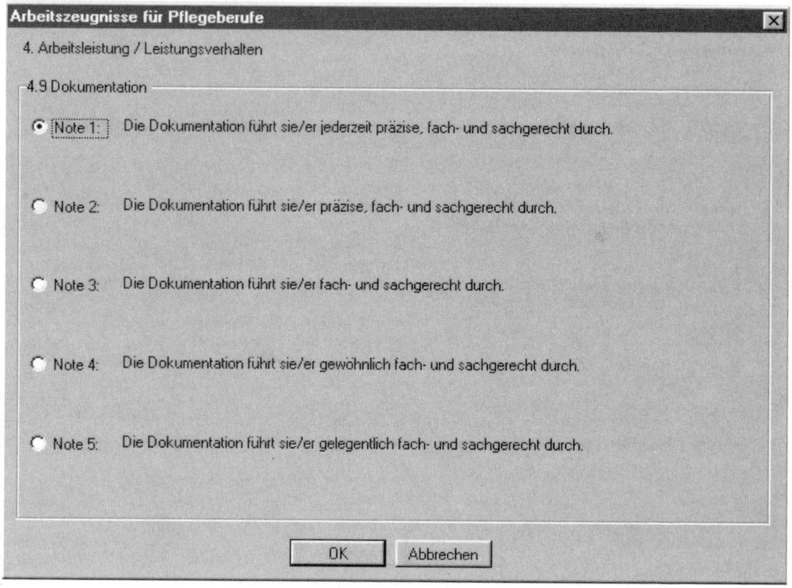

Abb. 7–18 *Dialog Dokumentation*

Dokumentation (4.9)

1. Die Dokumentation führt sie/er jederzeit präzise, fach- und sachgerecht durch.
2. Die Dokumentation führt sie/er präzise, fach- und sachgerecht durch.
3. Die Dokumentation führt sie/er fach- und sachgerecht durch.
4. Die Dokumentation führt sie/er gewöhnlich fach- und sachgerecht durch.
5. Die Dokumentation führt sie/er gelegentlich fach- und sachgerecht durch.

7.6 Fachkompetenz

7.6.1 Kenntnisse im Fachgebiet

Nach Aktivierung dieses Punktes erscheint folgender Dialog:

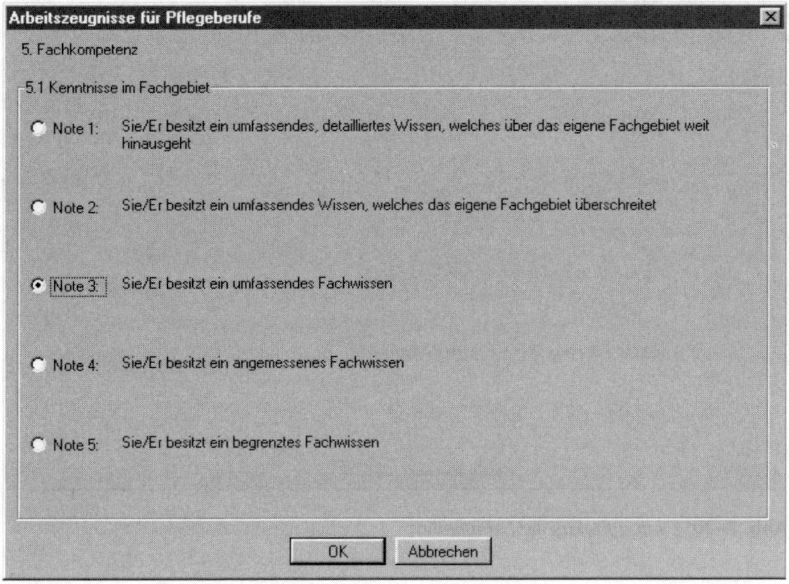

Abb. 7–19 *Dialog Kenntnisse im Fachgebiet*

Kenntnisse im Fachgebiet (5.1)

1. Sie/Er besitzt ein umfassendes, detailliertes Wissen, welches über das eigene Fachgebiet weit hinausgeht
2. Sie/Er besitzt ein umfassendes Wissen, welches das eigene Fachgebiet überschreitet
3. Sie/Er besitzt ein umfassendes Fachwissen
4. Sie/Er besitzt ein angemessenes Fachwissen
5. Sie/Er besitzt ein begrenztes Fachwissen

7.6.2 Praktische Fähigkeiten

Nach Aktivierung dieses Punktes erscheint folgender Dialog:

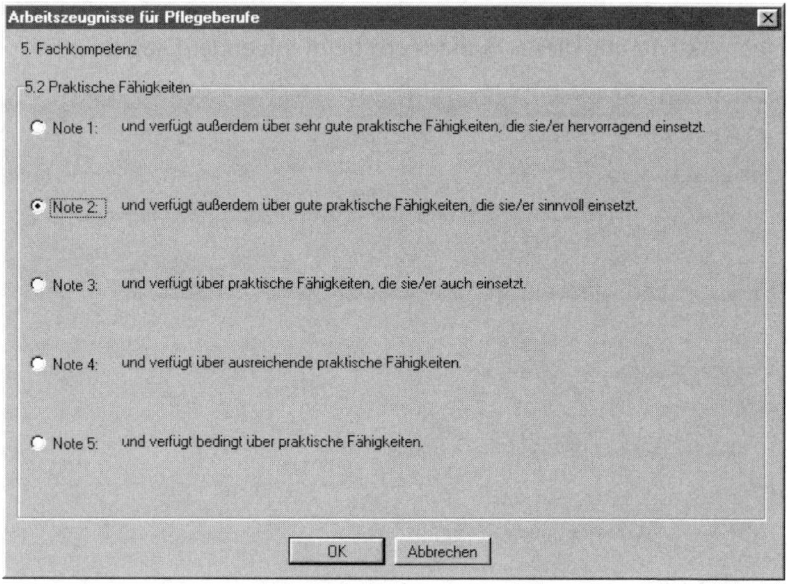

Abb. 7–20 *Dialog Praktische Fähigkeiten*

Praktische Fähigkeiten (5.2)

1. und verfügt außerdem über sehr gute praktische Fähigkeiten, die sie/er hervorragend einsetzt.
2. und verfügt außerdem über gute praktische Fähigkeiten, die sie/er sinnvoll einsetzt.
3. und verfügt über praktische Fähigkeiten, die sie/er auch einsetzt.
4. und verfügt über ausreichende praktische Fähigkeiten.
5. und verfügt bedingt über praktische Fähigkeiten.

7.6.3 Kenntnisse und Umsetzung der hausinternen Standards

Nach Aktivierung dieses Punktes erscheint folgender Dialog:

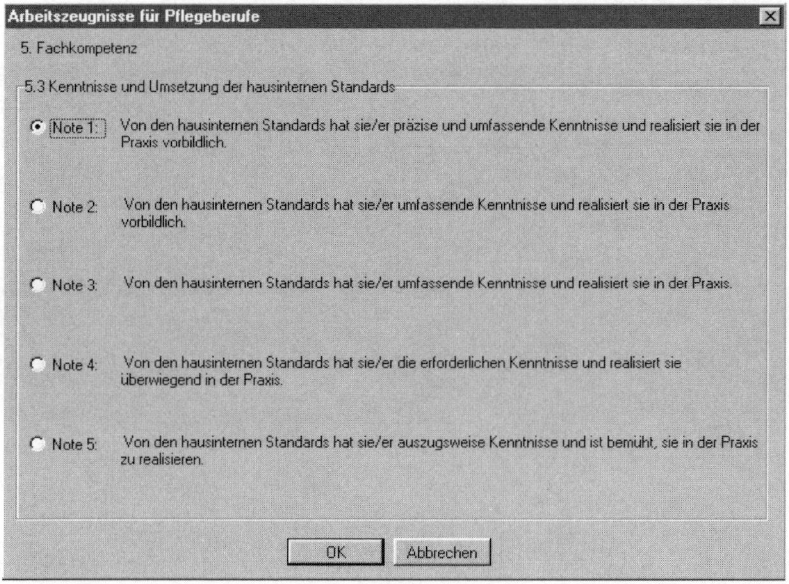

Abb. 7–21 *Dialog Kenntnisse und Umsetzung der hausinternen Standards*

Kenntnis und Umsetzung der hausinternen Standards (5.3)

1. Von den hausinternen Standards hat sie/er präzise und umfassende Kenntnisse und realisiert sie in der Praxis vorbildlich.
2. Von den hausinternen Standards hat sie/er umfassende Kenntnisse und realisiert sie in der Praxis vorbildlich.
3. Von den hausinternen Standards hat sie/er umfassende Kenntnisse und realisiert sie in der Praxis.
4. Von den hausinternen Standards hat sie/er die erforderlichen Kenntnisse und realisiert sie überwiegend in der Praxis.
5. Von den hausinternen Standards hat sie/er auszugsweise Kenntnisse und ist bemüht, sie in der Praxis zu realisieren.

7.6.4 Teilnahme an Fort- und Weiterbildungen

Nach Aktivierung dieses Punktes erscheint folgender Dialog:

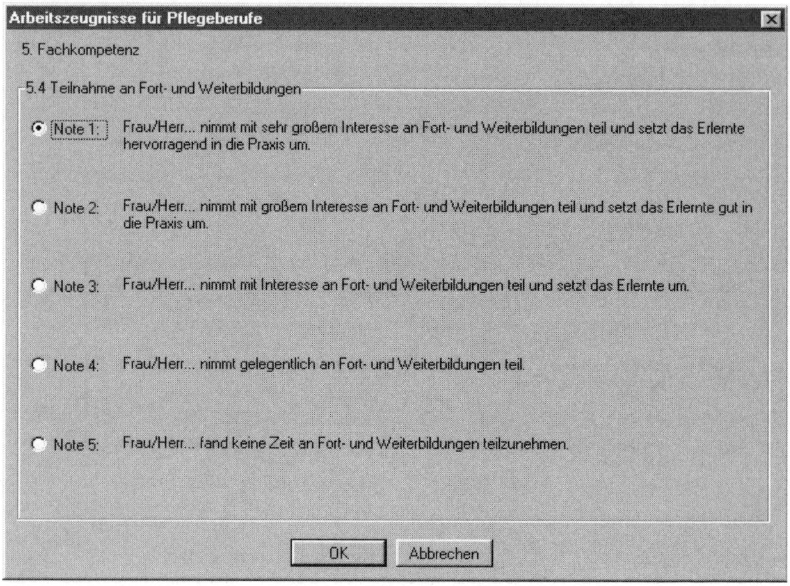

Abb. 7–22 *Dialog Teilnahme an Fort- und Weiterbildungen*

Teilnahme an Fort- und Weiterbildungen (5.4)

1. Frau/Herr ... nimmt mit sehr großem Interesse an Fort- und Weiterbildungen teil und setzt das Erlernte hervorragend in die Praxis um.
2. Frau/Herr ... nimmt mit großem Interesse an Fort- und Weiterbildungen teil und setzt das Erlernte gut in die Praxis um.
3. Frau/Herr ... nimmt mit Interesse an Fort- und Weiterbildungen teil und setzt das Erlernte um.
4. Frau/Herr ... nimmt gelegentlich an Fort- und Weiterbildungen teil.
5. Frau/Herr ... fand keine Zeit, an Fort- und Weiterbildungen teilzunehmen.

7.6.5 Anleitung/Wissensvermittlung

Nach Aktivierung dieses Punktes erscheint folgender Dialog:

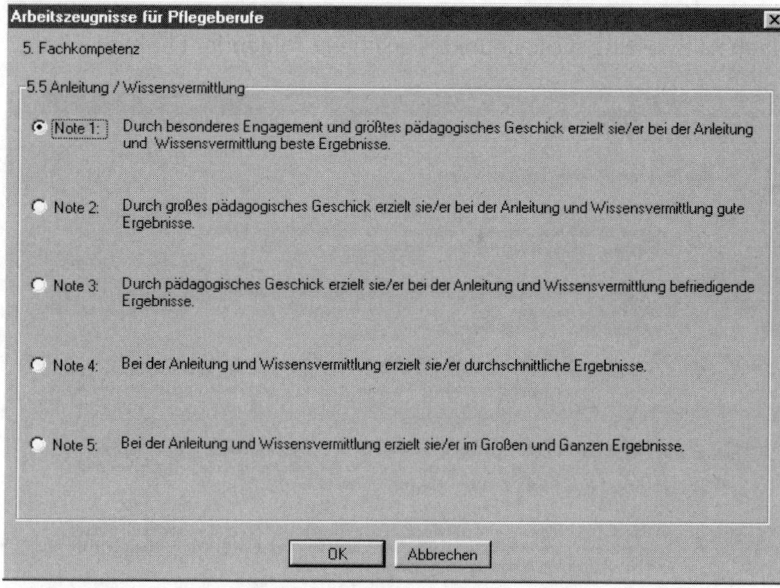

Abb. 7–23 *Dialog Anleitung/Wissensvermittlung*

Anleitung/Wissensvermittlung (5.5)

1. Durch besonderes Engagement und größtes pädagogisches Geschick erzielt sie/er bei der Anleitung und Wissensvermittlung beste Ergebnisse.
2. Durch großes pädagogisches Geschick erzielt sie/er bei der Anleitung und Wissensvermittlung gute Ergebnisse.
3. Durch pädagogisches Geschick erzielt sie/er bei der Anleitung und Wissensvermittlung befriedigende Ergebnisse.
4. Bei der Anleitung und Wissensvermittlung erzielt sie/er durchschnittliche Ergebnisse.
5. Bei der Anleitung und Wissensvermittlung erzielt sie/er im großen und ganzen durchschnittliche Ergebnisse.

7.7 Soziales Verhalten

7.7.1 Verhalten gegenüber Patienten und Angehörigen

Nach Aktivierung dieses Punktes erscheint folgender Dialog:

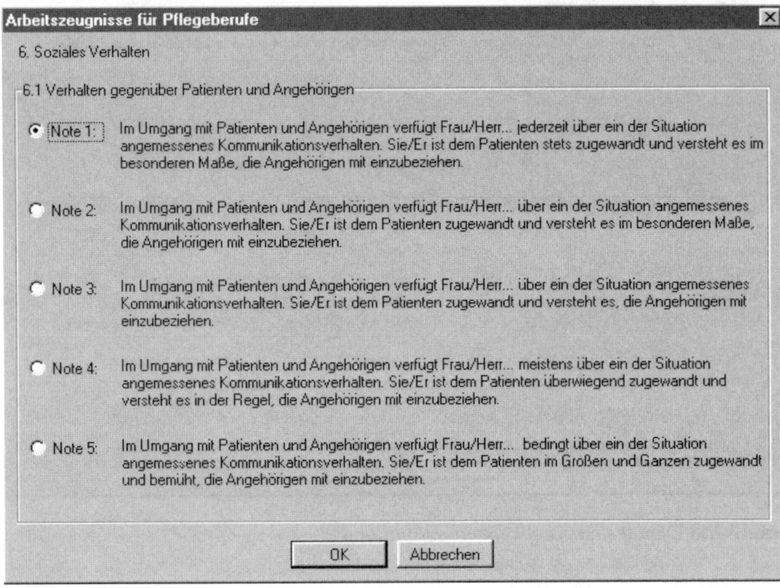

Abb. 7–24 *Dialog Verhalten gegenüber Patienten und Angehörigen*

Verhalten gegenüber Patienten und Angehörigen (6.1)

1. Im Umgang mit Patienten und Angehörigen verfügt Frau/Herr ... jederzeit über ein der Situation angemessenes Kommunikationsverhalten. Sie/Er ist dem Patienten stets zugewandt und versteht es im besonderen Maße, die Angehörigen mit einzubeziehen.
2. Im Umgang mit Patienten und Angehörigen verfügt Frau/Herr ... über ein der Situation angemessenes Kommunikationsverhalten. Sie/Er ist dem Patienten zugewandt und versteht es im besonderen Maße, die Angehörigen mit einzubeziehen.
3. Im Umgang mit Patienten und Angehörigen verfügt Frau/Herr... über ein der Situation angemessenes Kommunikationsverhalten.

Sie/Er ist dem Patienten zugewandt und versteht es, die Angehörigen mit einzubeziehen.

4. Im Umgang mit Patienten und Angehörigen verfügt Frau/Herr... meistens über ein der Situation angemessenes Kommunikationsverhalten. Sie/Er ist dem Patienten überwiegend zugewandt und versteht es in der Regel, die Angehörigen mit einzubeziehen.
5. Im Umgang mit Patienten und Angehörigen verfügt Frau/Herr... bedingt über ein der Situation angemessenes Kommunikationsverhalten. Sie/Er ist dem Patienten im großen und ganzen zugewandt und bemüht, die Angehörigen mit einzubeziehen.

7.7.2 Verhalten gegenüber Mitarbeitern und Vorgesetzten

Nach Aktivierung dieses Punktes erscheint folgender Dialog:

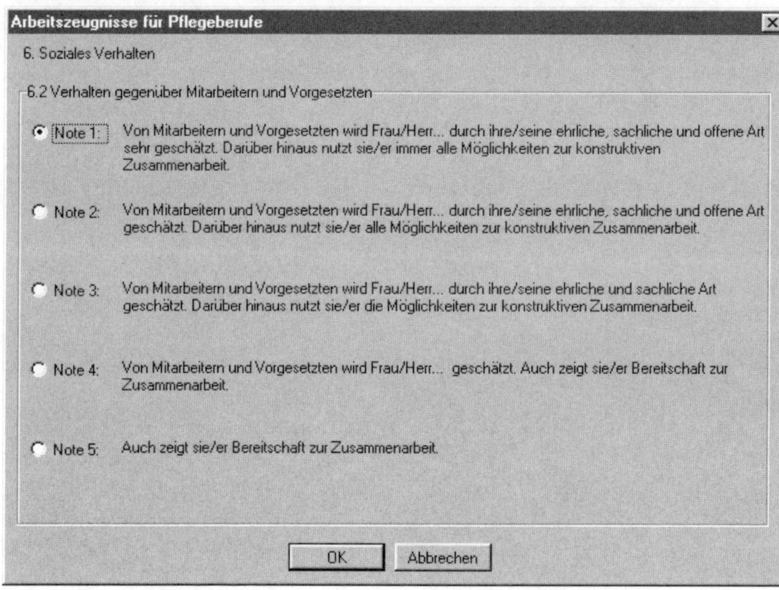

Abb. 7–25 *Dialog Verhalten gegenüber Mitarbeitern und Vorgesetzten*

Verhalten gegenüber Mitarbeitern und Vorgesetzten/Teamfähigkeit (6.2)

1. Von Mitarbeitern und Vorgesetzten wird Frau/Herr... durch ihre/seine ehrliche, sachliche und offene Art sehr geschätzt. Darüber hinaus nutzt sie/er immer alle Möglichkeiten zur konstruktiven Zusammenarbeit.
2. Von Mitarbeitern und Vorgesetzten wird Frau/Herr... durch ihre/seine ehrliche, sachliche und offene Art geschätzt. Darüber hinaus nutzt sie/er alle Möglichkeiten zur konstruktiven Zusammenarbeit.
3. Von Mitarbeitern und Vorgesetzten wird Frau/Herr... durch ihre/seine ehrliche und sachliche Art geschätzt. Darüber hinaus nutzt sie/er die Möglichkeiten zur konstruktiven Zusammenarbeit.
4. Von Mitarbeitern und Vorgesetzten wird Frau/Herr... geschätzt. Auch zeigt sie/er Bereitschaft zur Zusammenarbeit.
5. Auch zeigt sie/er Bereitschaft zur Zusammenarbeit.

7.7.3 Kritikfähigkeit

Nach Aktivierung dieses Punktes erscheint folgender Dialog:

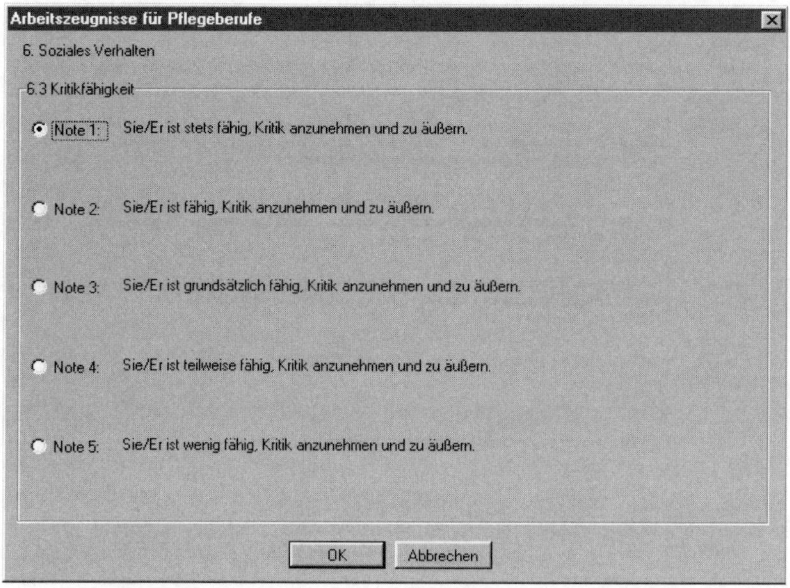

Abb. 7–26 *Dialog Kritikfähigkeit*

Kritikfähigkeit (6.3)
1. Sie/Er ist stets fähig, Kritik anzunehmen und zu äußern.
2. Sie/Er ist fähig, Kritik anzunehmen und zu äußern.
3. Sie/Er ist grundsätzlich fähig, Kritik anzunehmen und zu äußern.
4. Sie/Er ist teilweise fähig, Kritik anzunehmen und zu äußern.
5. Sie/Er ist wenig fähig, Kritik anzunehmen und zu äußern.

7.8 Führungsverhalten

Dieses Zeugniskonzept sieht die Kategorie Führungsverhalten grundsätzlich für alle Gruppen vor – sowohl für die z. B. Stationsschwester als auch für die z. B. Krankenschwester – da jeder im Berufsalltag entscheiden, organisieren, delegieren usw. muß.

7.8.1 Entscheidungs-/Urteilsvermögen

Nach Aktivierung dieses Punktes erscheint folgender Dialog:

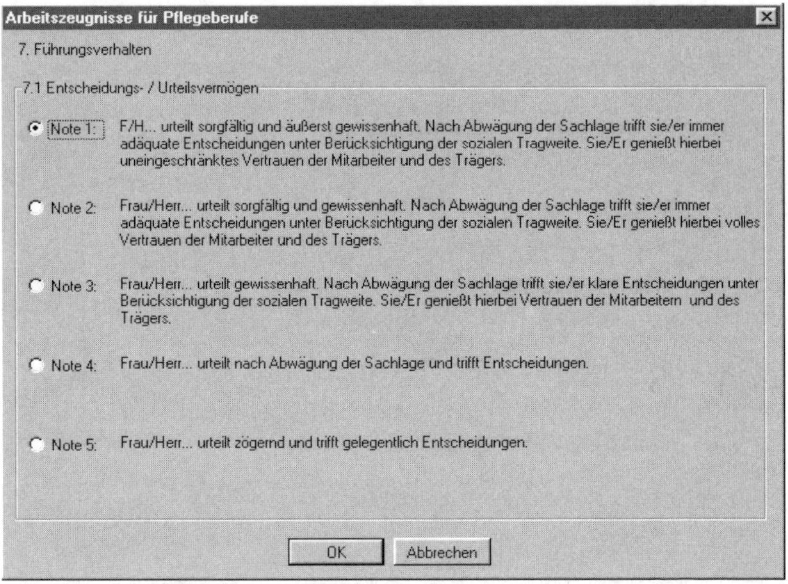

Abb. 7–27 *Dialog Entscheidungs-/Urteilsvermögen*

Entscheidungs-/ Urteilsvermögen (7.1)

1. Frau/Herr ... urteilt sorgfältig und äußerst gewissenhaft. Nach Abwägung der Sachlage trifft sie/er immer adäquate Entscheidungen unter Berücksichtigung der sozialen Tragweite. Sie/Er genießt hierbei uneingeschränktes Vertrauen der Mitarbeiter und des Trägers.
2. Frau/Herr ... urteilt sorgfältig und gewissenhaft. Nach Abwägung der Sachlage trifft sie/er immer adäquate Entscheidungen unter Berücksichtigung der sozialen Tragweite. Sie/Er genießt hierbei volles Vertrauen der Mitarbeiter und des Trägers.
3. Frau/Herr ... urteilt gewissenhaft. Nach Abwägung der Sachlage trifft sie/er klare Entscheidungen unter Berücksichtigung der sozialen Tragweite. Sie/Er genießt hierbei das Vertrauen der Mitarbeiter und des Trägers.

4. Frau/Herr ... urteilt nach Abwägung der Sachlage und trifft Entscheidungen.
5. Frau/Herr... urteilt zögernd und trifft gelegentlich Entscheidungen.

7.8.2 Organisation/Koordinierung/Administration

Nach Aktivierung dieses Punktes erscheint folgender Dialog:

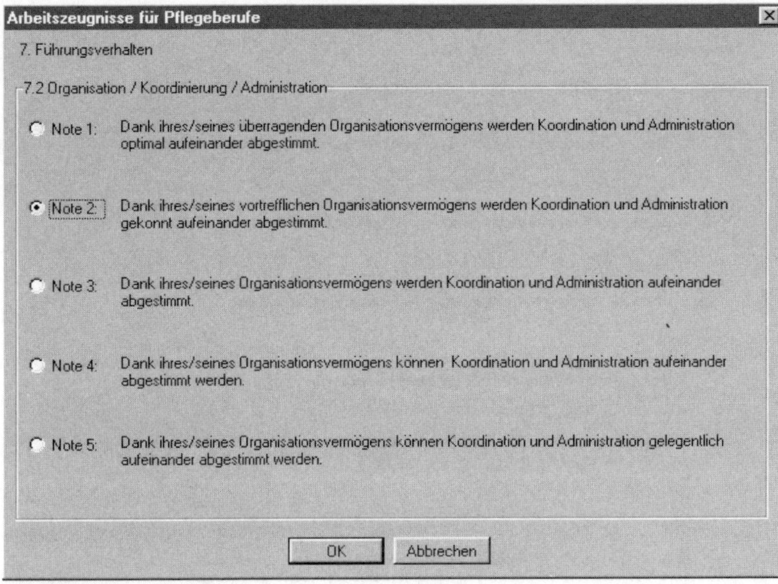

Abb. 7–28 *Dialog Organisation/Koordinierung/Administration*

Organisationsvermögen/Koordination/Administration (7.2)

1. Dank ihres/seines überragenden Organisationsvermögens werden Koordination und Administration optimal aufeinander abgestimmt.
2. Dank ihres/seines vortrefflichen Organisationsvermögens werden Koordination und Administration gekonnt aufeinander abgestimmt.
3. Dank ihres/seines Organisationsvermögens werden Koordination und Administration aufeinander abgestimmt.
4. Dank ihres/seines Organisationsvermögens können Koordination und Administration aufeinander abgestimmt werden.

5. Dank ihres/seines Organisationsvermögens können Koordination und Administration gelegentlich aufeinander abgestimmt werden.

7.8.3 Delegationsfähigkeit und Überwachung von Arbeitsabläufen

Nach Aktivierung dieses Punktes erscheint folgender Dialog:

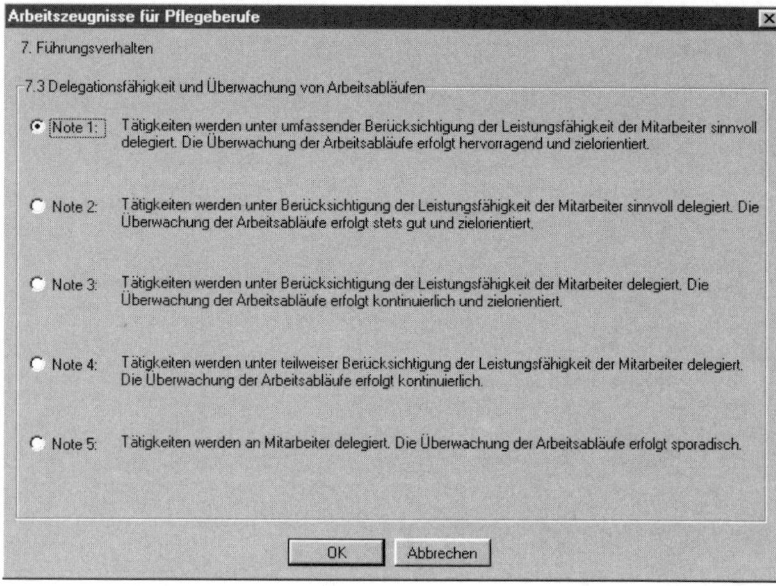

Abb. 7–29 *Dialog Delegationsfähigkeit und Überwachung von Arbeitsabläufen*

Delegationsfähigkeit und Überwachung von Arbeitsabläufen (7.3)

1. Tätigkeiten werden unter umfassender Berücksichtigung der Leistungsfähigkeit der Mitarbeiter sinnvoll delegiert. Die Überwachung der Arbeitsabläufe erfolgt hervorragend und zielorientiert.
2. Tätigkeiten werden unter Berücksichtigung der Leistungsfähigkeit der Mitarbeiter sinnvoll delegiert. Die Überwachung der Arbeitsabläufe erfolgt stets gut und zielorientiert.
3. Tätigkeiten werden unter Berücksichtigung der Leistungsfähigkeit

der Mitarbeiter delegiert. Die Überwachung der Arbeitsabläufe erfolgt kontinuierlich und zielorientiert.
4. Tätigkeiten werden unter teilweiser Berücksichtigung der Leistungsfähigkeit der Mitarbeiter delegiert. Die Überwachung der Arbeitsabläufe erfolgt kontinuierlich.
5. Tätigkeiten werden an Mitarbeiter delegiert. Die Überwachung der Arbeitsabläufe erfolgt sporadisch.

7.8.4 Durchsetzungsvermögen

Nach Aktivierung dieses Punktes erscheint folgender Dialog:

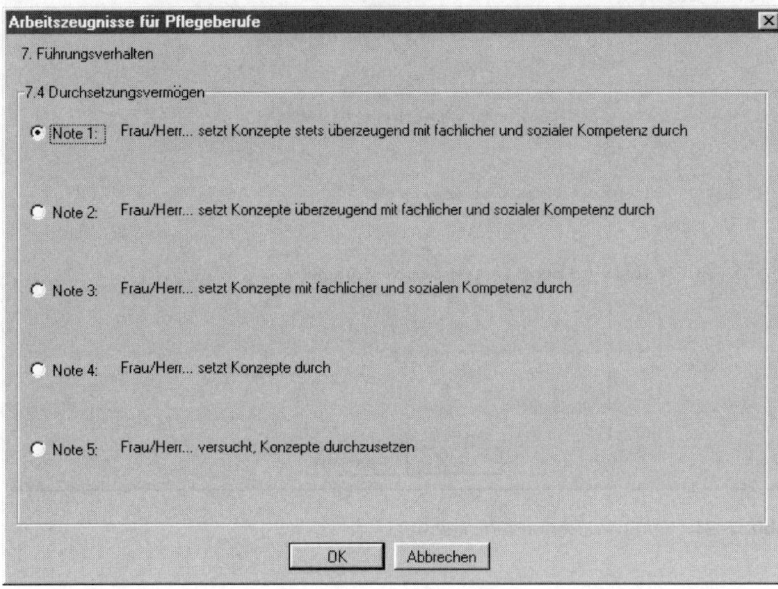

Abb. 7–30 *Dialog Durchsetzungsvermögen*

Durchsetzungsvermögen (7.4)

1. Frau/Herr . . . setzt Konzepte stets überzeugend mit fachlicher und sozialer Kompetenz durch
2. Frau/Herr . . . setzt Konzepte überzeugend mit fachlicher und sozialer Kompetenz durch

3. Frau/Herr... setzt Konzepte mit fachlicher und sozialer Kompetenz durch
4. Frau/Herr... setzt Konzepte durch
5. Frau/Herr... versucht, Konzepte durchzusetzen

7.8.5 Motivationsfähigkeit

Nach Aktivierung dieses Punktes erscheint folgender Dialog:

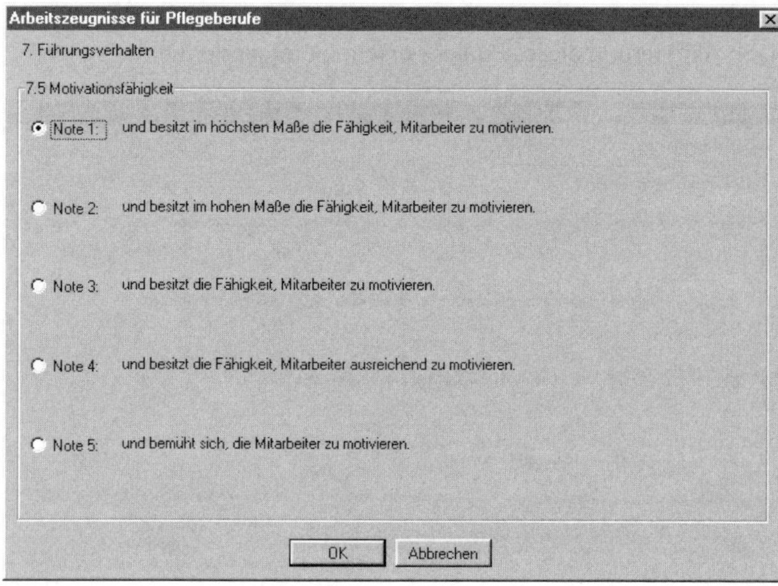

Abb. 7–31 *Dialog Motivationsfähigkeit*

Motivationsfähigkeit (7.5)
1. und besitzt im höchsten Maße die Fähigkeit, Mitarbeiter zu motivieren.
2. und besitzt im hohen Maße die Fähigkeit, Mitarbeiter zu motivieren.
3. und besitzt die Fähigkeit, Mitarbeiter zu motivieren.
4. und besitzt die Fähigkeit, Mitarbeiter ausreichend zu motivieren.
5. und bemüht sich, die Mitarbeiter zu motivieren.

7.9 Bemerkungen

Absolvierte Fort- und Weiterbildungen werden im letzten Abschnitt des Zeugnisses beschrieben. Dieser Punkt ist nicht zwingend zur Erstellung des Zeugnisses erforderlich.
Nach Aktivierung dieses Punktes erscheint folgender Dialog:

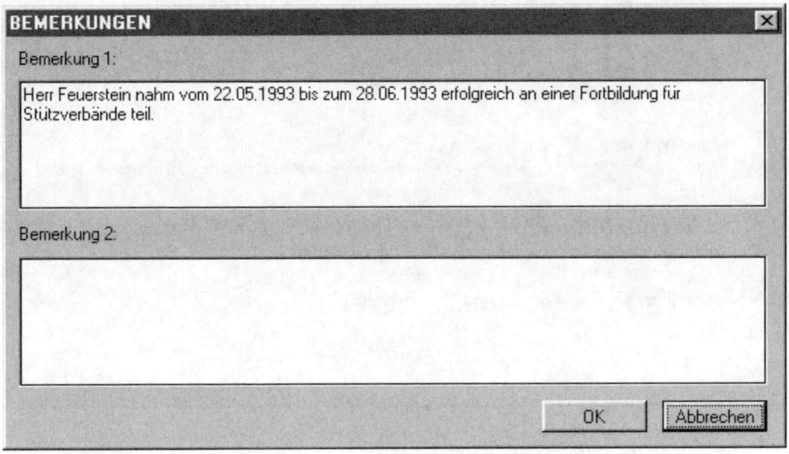

Abb. 7–32 *Dialog Bemerkungen*

7.10 Grund des Beschäftigungsendes und Schlußformeln

Nach Aktivierung dieses Punktes erscheint folgender Dialog:

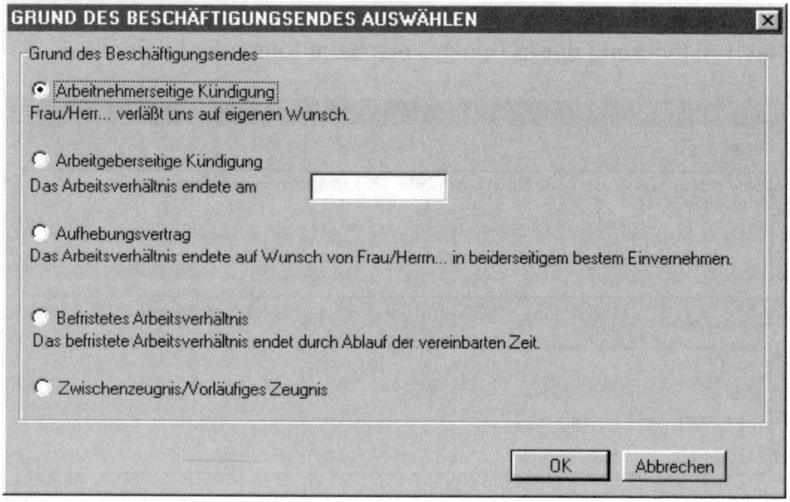

Abb. 7–33 *Dialog Grund des Beschäftigungsendes*

Falls eine arbeitgeberseitige Kündigung zur Beendigung des Arbeitsverhältnisses führt, geben Sie bitte das Datum der Kündigung an.

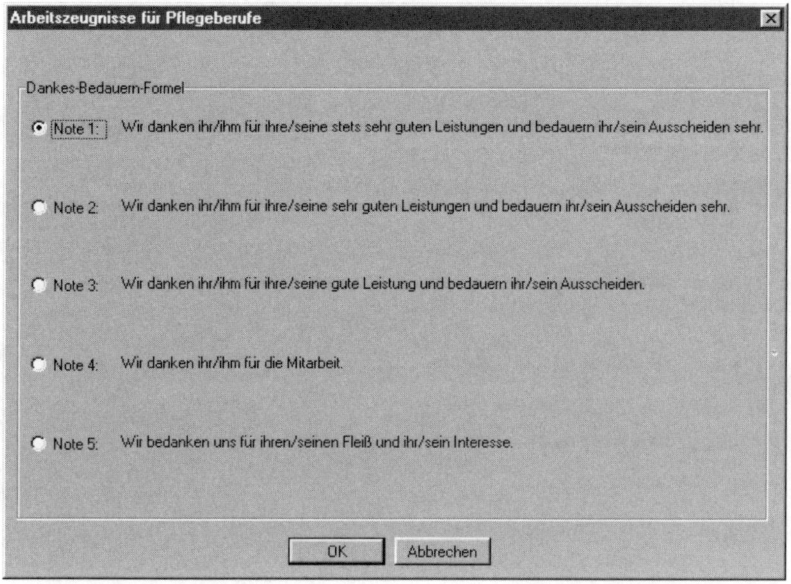

Abb. 7–34 *Dankes-Bedauern-Formel*

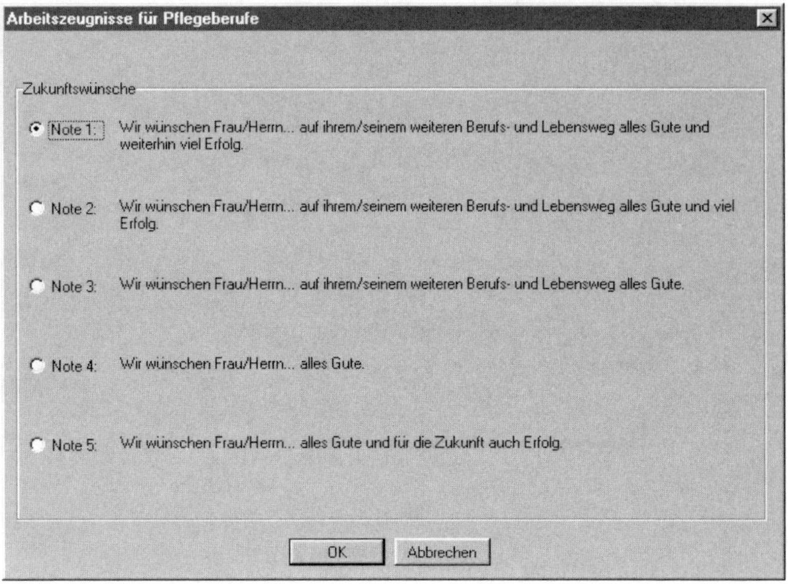

Abb. 7–35 *Zukunftswünsche*

7.11 Zeugnisabschluß

Nach Aktivierung dieses Punktes erscheint folgender Dialog:

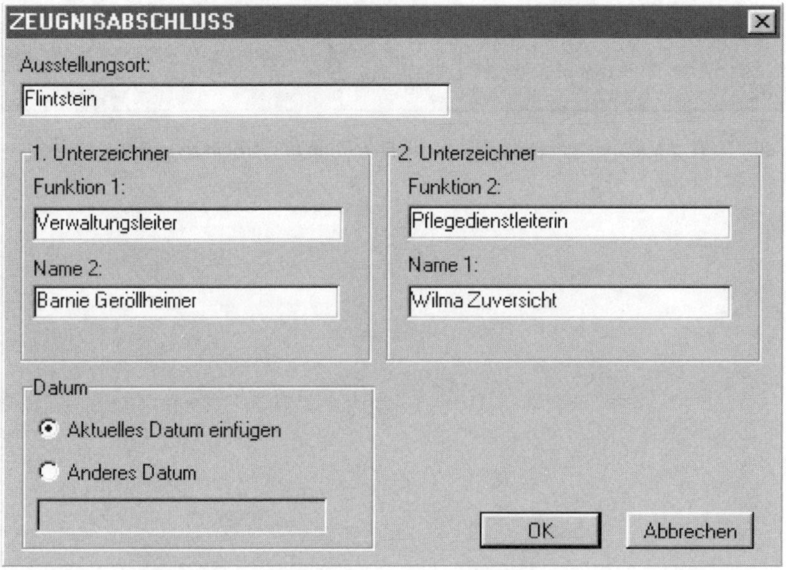

Abb. 7–36 *Dialog Zeugnisabschluß*

Im Zeugnisabschluß erscheint der Ausstellungsort und das Datum. Bei letzterem können Sie entweder das aktuelle Datum automatisch einsetzen lassen oder ein Datum manuell eingeben. Zur Unterschrift können maximal zwei Personen mit ihrer Funktion eingetragen werden.

Nachdem die Erstellung abgeschlossen ist, erscheint eine entsprechende Meldung zu Ihrer Information. Bestätigen Sie die Meldung durch Drücken von »OK«. Danach wird das fertige Zeugnis sichtbar. Jetzt können Sie noch beliebige Änderungen am Dokument vornehmen und das Zeugnis speichern und ausdrucken.

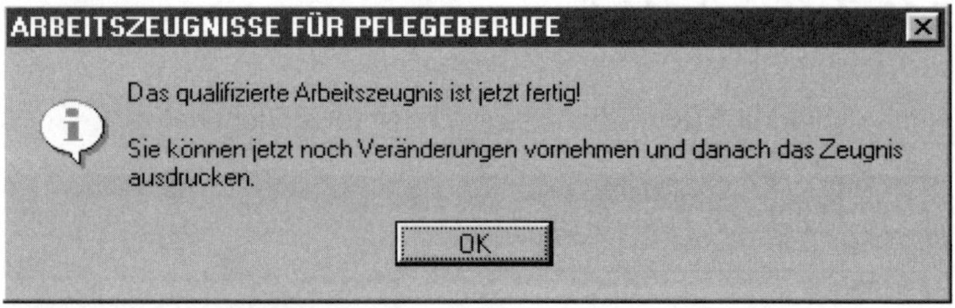

Abb. 7–37 *Meldung über die erfolgreiche Erstellung des Arbeitszeugnisses*

8. Beispielzeugnisse

Das folgende Beispielzeugnis enthält die Daten, die in diesem Benutzerhandbuch verwendet wurden.

Kreiskrankenhaus Flintstein
– Hessenklinik –
Auf der Geröllhalde 26 60258 Flintstein
☎ (0 00 99) 2 28 93

Zeugnis

Herr Fred Feuerstein, geb. am 02. 06. 1957, wohnhaft in 60258 Flintstein, Geröllallee 123, war vom 01. 01. 1990 bis zum 31. 12. 1996 als Krankenpfleger mit 38,5 Wochenstunden im Früh-, Spät- und Nachtdienst tätig.

Das KKH Flintstein ist ein Haus der Grund- und Regelversorgung mit den Disziplinen Innere Medizin, Chirurgie, Gynäkologie, Urologie und HNO mit insgesamt 292 Planbetten.

Sein Einsatz erfolgte auf einer Station der Chirurgischen Abteilung mit 36 Planbetten, auf der das Pflegesystem der Gruppenpflege umgesetzt wird.

Zu seinem Aufgabengebiet gehören folgende Tätigkeiten:

- Durchführung der allgemeinen und speziellen Pflege im Rahmen des Pflegeprozesses
- Aufnahme und Entlassung von Patienten beziehungsweise deren Überleitung in andere Einrichtungen
- Vorbereitung, Mithilfe und Nachsorge bei diagnostischen, operativen und therapeutischen Maßnahmen wie endoskopischen Eingriffen, therapeutischer Lagerung sowie Umgang mit speziellen Verbänden, Drainagen und Schienen
- Durchführung der Pflegedokumentation und administrativer Tätigkeiten
- Begleitung Schwerkranker, Sterbender und deren Angehörigen

- Kommunikation mit Patienten, Angehörigen und Selbsthilfegruppen
- Anleitung neuer Mitarbeiter, Schüler und Praktikanten
- Einhaltung von Hygiene- und Unfallverhütungsvorschriften sowie der Strahlenschutz- und Gefahrenstoffverordnung
- Bedienung und Wartung von Geräten nach der Medizingeräteverordnung
- Bestellen von Medikamenten und Verbrauchsgütern

Herr Feuerstein bewältigt stets und in jeder Hinsicht die anfallende Arbeitsmenge. Die übertragenen Aufgaben erfüllt er kontinuierlich, gewissenhaft und zuverlässig. Herr Feuerstein führt seine Tätigkeiten eigenständig aus; er ist flexibel, behält immer den Überblick und setzt Prioritäten, welche der jeweiligen Situation angepaßt sind. Er verfügt über herausragende kreative und innovative Fähigkeiten und ist in der Lage, diese umzusetzen und weiterzuentwickeln. Darüber hinaus besitzt Herr Feuerstein ausgezeichnete Organisationsfähigkeiten und arbeitet immer systematisch unter Nutzung vorhandener Ressourcen. Er setzt Arbeitsmittel in jeder Hinsicht wirtschaftlich und verantwortungsbewußt ein und zeigt Initiative bei der Ausschöpfung vorhandener und neuer Mittel. Herr Feuerstein erfaßt Informationen, ist in vorbildlicher Weise fähig, diese zu bewerten und nach ihrer Relevanz zeit- und adressatengerecht weiterzuleiten. Die Dokumentation führt er präzise, fach- und sachgerecht durch.

Er besitzt ein umfassendes Fachwissen und verfügt außerdem über gute praktische Fähigkeiten, die er sinnvoll einsetzt. Von den hausinternen Standards hat er präzise und umfassende Kenntnisse und realisiert sie in der Praxis vorbildlich. Herr Feuerstein nimmt mit sehr großem Interesse an Fort- und Weiterbildungen teil und setzt das Erlernte hervorragend in die Praxis um. Durch besonderes Engagement und größtes pädagogisches Geschick erzielt er bei der Anleitung und Wissensvermittlung beste Ergebnisse.

Im Umgang mit Patienten und Angehörigen verfügt Herr Feuerstein jederzeit über ein der Situation angemessenes Kommunikationsverhalten. Er ist dem Patienten stets zugewandt und versteht es im besonderen Maße, die Angehörigen mit einzubeziehen. Von Mitarbeitern und Vorgesetzten wird Herr Feuerstein durch seine ehrliche, sachliche und offene Art sehr geschätzt. Darüber hinaus nutzt er immer alle Möglichkeiten zur konstruktiven Zusammenarbeit. Er ist stets fähig, Kritik anzunehmen und zu äußern.

Herr Feuerstein urteilt sorgfältig und äußerst gewissenhaft. Nach Abwägung der Sachlage trifft er immer adäquate Entscheidungen unter Berücksichtigung der sozialen Tragweite. Er genießt hierbei uneingeschränktes Vertrauen der Mitarbeiter und des Trägers. Dank seines vortrefflichen Organisationsvermögens werden Koordination und Administration gekonnt aufeinander abgestimmt. Tätigkeiten werden unter umfassender Berücksichtigung der Leistungsfähigkeit der Mitarbeiter sinnvoll delegiert. Die Überwachung der Arbeitsabläufe erfolgt hervorragend und zielorientiert. Herr Feuerstein setzt Konzepte stets überzeugend mit fachlicher und sozialer Kompetenz durch und besitzt im höchsten Maße die Fähigkeit, Mitarbeiter zu motivieren.

Herr Feuerstein nahm vom 22. 05. 1993 bis 28. 06. 1993 erfolgreich an einer Fortbildung für Stützverbände teil.

Das Arbeitsverhältnis endete auf Wunsch von Herrn Feuerstein in beiderseitigem bestem Einvernehmen. Wir danken ihm für seine stets sehr guten Leistungen und bedauern sein Ausscheiden sehr. Wir wünschen Herrn Flintstein auf seinem weiteren Berufs- und Lebensweg alles Gute und weiterhin viel Erfolg.

Flintstein, den

Barnie Geröllheimer Verwaltungsleiter	Wilma Zuversicht Pflegedienstleiterin

8.1 Zeugnis für eine Krankenschwester mit der Note 1

Zeugnis

Frau Eva Feuerstein, geb. am 02. 06. 1957, wohnhaft in 60258 Flintstein, Geröllallee 123, war vom 01. 01. 1990 bis zum 31. 12. 1996 als Krankenschwester mit 38,5 Wochenstunden im Früh-, Spät- und Nachtdienst tätig.

Das Kreiskrankenhaus Flintstein ist ein Haus der Grund- und Regelversorgung mit den Disziplinen Innere Medizin, Chirurgie, Gynäkologie, Urologie und HNO mit insgesamt 292 Planbetten.

Ihr Einsatz erfolgte auf einer Station der Inneren Abteilung mit 36 Planbetten, auf der das Pflegesystem der Gruppenpflege umgesetzt wird.

Zu ihrem Aufgabengebiet gehören folgende Tätigkeiten:

- Durchführung der allgemeinen und speziellen Pflege im Rahmen des Pflegeprozesses
- Aufnahme und Entlassung von Patienten beziehungsweise deren Überleitung in andere Einrichtungen
- Vorbereitung, Mithilfe und Nachsorge bei diagnostischen und therapeutischen Maßnahmen wie Punktionen, endoskopischen Eingriffen, Lagerungen, medikamentöse Therapie
- Durchführung der Pflegedokumentation und administrativer Tätigkeiten
- Begleitung von schwerkranken und sterbenden Patienten und deren Angehörigen
- Kommunikation mit Patienten, Angehörigen und Selbsthilfegruppen
- Anleitung neuer Mitarbeiter, Schüler und Praktikanten
- Einhaltung von Hygiene- und Unfallverhütungsvorschriften sowie der Strahlenschutz- und Gefahrenstoffverordnung
- Bedienung und Wartung von Geräten nach der Medizingeräteverordnung
- Bestellen von Medikamenten und Verbrauchsgütern

Frau Feuerstein bewältigt stets und in jeder Hinsicht die anfallende Arbeitsmenge. Die übertragenen Aufgaben erfüllt sie jederzeit in vorbildlicher Weise, gewissenhaft und zuverlässig. Frau Feuerstein führt ihre Tätigkeiten in beispielhafter Weise eigenständig aus; sie ist stets flexibel, behält immer den Überblick und setzt Prioritäten, welche der jeweiligen Situation angepaßt sind. Sie verfügt über herausragende kreative und innovative Fähigkeiten und ist in der Lage, diese umzusetzen und weiterzuentwickeln. Darüber hinaus besitzt Frau Feuerstein ausgezeichnete Organisationsfähigkeiten und arbeitet immer systematisch unter Nutzung vorhandener Ressourcen. Sie setzt Arbeitsmittel in jeder Hinsicht wirtschaftlich und verantwortungsbewußt ein und zeigt Initiative bei der Ausschöpfung vorhandener und neuer Mittel. Frau Feuerstein erfaßt Informationen, ist in vorbildlicher Weise fähig, diese zu bewerten und nach ihrer Relevanz zeit- und adressatengerecht weiterzuleiten. Die Dokumentation führt sie jederzeit präzise, fach- und sachgerecht durch.

Sie besitzt ein umfassendes, detailliertes Wissen, welches über das eigene Fachgebiet weit hinausgeht und verfügt außerdem über sehr gute praktische Fähigkeiten, die sie hervorragend einsetzt. Von den hausinternen Standards hat sie präzise und umfassende Kenntnisse und realisiert sie in der Praxis vorbildlich. Frau Feuerstein nimmt mit sehr großem Interesse an Fort- und Weiterbildungen teil und setzt das Erlernte hervorragend in die Praxis um. Durch besonderes Engagement und größtes pädagogisches Geschick erzielt sie bei der Anleitung und Wissensvermittlung beste Ergebnisse.

Im Umgang mit Patienten und Angehörigen verfügt Frau Feuerstein jederzeit über ein der Situation angemessenes Kommunikationsverhalten. Sie ist dem Patienten stets zugewandt und versteht es im besonderen Maße, die Angehörigen mit einzubeziehen. Von Mitarbeitern und Vorgesetzten wird Frau Feuerstein durch ihre ehrliche, sachliche und offene Art sehr geschätzt. Darüber hinaus nutzt sie immer alle Möglichkeiten zur konstruktiven Zusammenarbeit. Sie ist stets fähig Kritik anzunehmen und zu äußern.

Frau Feuerstein urteilt sorgfältig und äußerst gewissenhaft. Nach Abwägung der Sachlage trifft sie immer adäquate Entscheidungen unter Berücksichtigung der sozialen Tragweite. Sie genießt hierbei uneingeschränktes Vertrauen der Mitarbeiter und des Trägers. Dank ihres überragenden Organisationsvermögens werden Koordination und Administration optimal aufeinander abgestimmt.

Tätigkeiten werden unter umfassender Berücksichtigung der Leistungsfähigkeit der Mitarbeiter sinnvoll delegiert. Die Überwachung der Arbeitsabläufe erfolgt hervorragend und zielorientiert. Frau Feuerstein setzt Konzepte stets überzeugend mit fachlicher und sozialer Kompetenz durch und besitzt im höchsten Maße die Fähigkeit, Mitarbeiter zu motivieren.

Frau Feuerstein verläßt uns auf eigenen Wunsch. Wir danken ihr für ihre stets sehr guten Leistungen und bedauern ihr Ausscheiden sehr. Wir wünschen Frau Feuerstein auf ihrem weiteren Berufs- und Lebensweg alles Gute und weiterhin viel Erfolg.

Flintstein, den 23. 03. 97

Eva Geröllheimer Verwaltungsleiterin	Herbert Zuversicht Pflegedienstleiter

8.2 Zeugnis für eine Krankenschwester mit der Note 5

Zeugnis

Frau Eva Feuerstein, geb. am 02. 06. 1957, wohnhaft in 60258 Flintstein, Geröllallee 123, war vom 01. 01. 1990 bis zum 21. 11. 1996 als Krankenschwester mit 38,5 Wochenstunden im Früh-, Spät- und Nachtdienst tätig.

Das Kreiskrankenhaus Flintstein ist ein Haus der Grund- und Regelversorgung mit den Disziplinen Innere Medizin, Chirurgie, Gynäkologie, Urologie und HNO mit insgesamt 292 Planbetten.

Ihr Einsatz erfolgte auf einer Station der Inneren Abteilung mit 36 Planbetten, auf der das Pflegesystem der Gruppenpflege umgesetzt wird.

Zu ihrem Aufgabengebiet gehören folgende Tätigkeiten:

- Durchführung der allgemeinen und speziellen Pflege im Rahmen des Pflegeprozesses
- Aufnahme und Entlassung von Patienten beziehungsweise deren Überleitung in andere Einrichtungen
- Vorbereitung, Mithilfe und Nachsorge bei diagnostischen und therapeutischen Maßnahmen wie Punktionen, endoskopischen Eingriffen, Lagerungen, medikamentöse Therapie
- Durchführung der Pflegedokumentation und administrativer Tätigkeiten
- Begleitung von schwerkranken und sterbenden Patienten und deren Angehörigen
- Kommunikation mit Patienten, Angehörigen und Selbsthilfegruppen
- Anleitung neuer Mitarbeiter, Auszubildender und Praktikanten
- Einhaltung von Hygiene- und Unfallverhütungsvorschriften sowie der Strahlenschutz- und Gefahrenstoffverordnung
- Bedienung und Wartung von Geräten nach der Medizingeräteverordnung
- Bestellen von Medikamenten und Verbrauchsgütern

Frau Feuerstein ist bemüht, die anfallende Arbeitsmenge zu bewältigen. Die übertragenen Aufgaben erfüllt sie mitunter gewissenhaft und zuverlässig. Frau Feuerstein führt ihre Tätigkeiten mit Unterstützung aus; sie ist bestrebt, situationsgerecht zu handeln. Sie nutzt ihre kreativen Möglichkeiten nicht immer. Darüber hinaus besitzt Frau Feuerstein nur eingeschränkte Organisationsfähigkeiten. Sie setzt Arbeitsmittel wenig wirtschaftlich ein. Frau Feuerstein ist bemüht, Informationen zu erfassen sowie zu bewerten und weiterzuleiten. Die Dokumentation führt sie gelegentlich fach- und sachgerecht durch.

Sie besitzt ein begrenztes Fachwissen und verfügt bedingt über praktische Fähigkeiten. Von den hausinternen Standards hat sie auszugsweise Kenntnisse und ist bemüht, sie in der Praxis zu realisieren. Frau Feuerstein fand keine Zeit an Fort- und Weiterbildungen teilzunehmen. Bei der Anleitung und Wissensvermittlung erzielt sie im großen und ganzen Ergebnisse.

Im Umgang mit Patienten und Angehörigen verfügt Frau Feuerstein bedingt über ein der Situation angemessenes Kommunikationsverhalten. Sie ist dem Patienten im großen und ganzen zugewandt und bemüht, die Angehörigen mit einzubeziehen. Auch zeigt sie Bereitschaft zur Zusammenarbeit. Sie ist wenig fähig Kritik anzunehmen und zu äußern.

Frau Feuerstein urteilt zögernd und trifft gelegentlich Entscheidungen. Dank ihres Organisationsvermögens können Koordination und Administration gelegentlich aufeinander abgestimmt werden. Tätigkeiten werden an Mitarbeiter delegiert. Die Überwachung der Arbeitsabläufe erfolgt sporadisch. Frau Feuerstein versucht, Konzepte durchzusetzen und ist bemüht, die Mitarbeiter zu motivieren.

Das Arbeitsverhältnis endete am 21. 11. 1996. Wir bedanken uns für ihren Fleiß und ihr Interesse. Wir wünschen Frau Feuerstein alles Gute und für die Zukunft auch Erfolg.

Flintstein, den 23. 03. 97

Eva Geröllheimer Verwaltungsleiterin	Herbert Zuversicht Pflegedienstleiter

8.3 Zwischenzeugnis für eine Krankenschwester mit der Note 3

Bei der Erstellung eines Zwischenzeugnisses kann unter Punkt 8 (Bemerkungen) der Grund für die Zwischenzeugniserstellung eingetragen werden.

Zwischenzeugnis

Frau Eva Feuerstein, geb. am 02. 06. 1957, wohnhaft in 60258 Flintstein, Geröllallee 123, ist seit dem 01. 01. 1990 als Krankenschwester mit 38,5 und seit dem 01. 01. 1994 mit 19,25 Wochenstunden im Früh- und Spätdienst tätig.

Das Kreiskrankenhaus Flintstein ist ein Haus der Maximalversorgung mit insgesamt 780 Planbetten.

Ihr Einsatz erfolgte auf einer Station der Gynäkologischen Abteilung mit 36 Planbetten, auf der das Pflegesystem der Gruppenpflege umgesetzt wird.

Zu ihrem Aufgabengebiet gehören folgende Tätigkeiten:

- Durchführung der Grund- und fachspezifischen Behandlungspflege sowie der psychosozialen Betreuung der Patientinnen
- Durchführung spezieller Pflege bei onkologisch erkrankten Patientinnen
- Beratung und Anleitung bei Hygienemaßnahmen und Körperpflege
- Begleitung von schwerkranken und sterbenden Patientinnen und deren Angehörigen
- Führen der Pflegedokumentation und administrative Tätigkeiten
- Anleitung neuer Mitarbeiter und Schüler
- Kommunikation mit Patientinnen, Angehörigen und Selbsthilfegruppen
- Einhaltung von Hygiene- und Unfallverhütungsvorschriften sowie der Strahlenschutz-, Gefahrenstoff- und Medizingeräteverordnung
- Bestellung von Medikamenten und Verbrauchsgütern

Frau Feuerstein bewältigt die anfallende Arbeitsmenge. Die übertragenen Aufgaben erfüllt sie gewissenhaft und zuverlässig. Frau Feuerstein führt ihre Tätigkeiten eigenständig aus; sie ist flexibel, behält den Überblick und setzt Prioritäten, welche der jeweiligen Situation angepaßt sind. Sie nutzt ihre kreativen Möglichkeiten sinnvoll. Darüber hinaus besitzt Frau Feuerstein Organisationsfähigkeiten und arbeitet systematisch. Sie setzt Arbeitsmittel wirtschaftlich ein. Frau Feuerstein erfaßt Informationen, ist fähig, diese zu bewerten und nach ihrer Relevanz zeit- und adressatengerecht weiterzuleiten. Die Dokumentation führt sie fach- und sachgerecht durch.

Sie besitzt ein umfassendes Fachwissen und verfügt über praktische Fähigkeiten, die sie auch einsetzt. Von den hausinternen Standards hat sie umfassende Kenntnisse und realisiert sie in der Praxis. Frau Feuerstein nimmt mit Interesse an Fort- und Weiterbildungen teil und setzt das Erlernte um. Durch pädagogisches Geschick erzielt sie bei der Anleitung und Wissensvermittlung befriedigende Ergebnisse.

Im Umgang mit Patienten und Angehörigen verfügt Frau Feuerstein über ein der Situation angemessenes Kommunikationsverhalten. Sie ist dem Patienten zugewandt und versteht es, die Angehörigen mit einzubeziehen. Von Mitarbeitern und Vorgesetzten, wird Frau Feuerstein durch ihre ehrliche und sachliche Art geschätzt. Darüber hinaus nutzt sie die Möglichkeiten zur konstruktiven Zusammenarbeit. Sie ist grundsätzlich fähig Kritik anzunehmen und zu äußern.

Frau Feuerstein urteilt gewissenhaft. Nach Abwägung der Sachlage trifft sie klare Entscheidungen unter Berücksichtigung der sozialen Tragweite. Sie genießt hierbei Vertrauen der Mitarbeitern und des Trägers. Dank ihres Organisationsvermögens werden Koordination und Administration aufeinander abgestimmt. Tätigkeiten werden unter Berücksichtigung der Leistungsfähigkeit der Mitarbeiter delegiert. Die Überwachung der Arbeitsabläufe erfolgt kontinuierlich und zielorientiert. Frau Feuerstein setzt Konzepte mit fachlicher und sozialen Kompetenz durch und besitzt die Fähigkeit, Mitarbeiter zu motivieren.

Frau Feuerstein erhält dieses Zwischenzeugnis zur Bewerbung an einer Weiterbildungsstätte.

Flintstein, den

Eva Geröllheimer	Sabine Zuversicht
Verwaltungsleiterin	Pflegedienstleiterin

8.4 Vorläufiges Zeugnis für eine Krankenschwester mit der Note 1

Bei der Erstellung eines vorläufigen Zeugnisses kann unter Punkt 8 (Bemerkungen) der Grund für die Zeugniserstellung eingetragen werden.

Vorläufiges Zeugnis

Frau Eva Feuerstein, geb. am 02. 06. 1957, wohnhaft in 60258 Flintstein, Geröllallee 123, ist seit dem 01. 01. 1990 als Krankenschwester mit 38,5 Wochenstunden im Früh-, Spät- und Nachtdienst tätig.

Das Kreiskrankenhaus Flintstein ist ein Haus der Grund- und Regelversorgung mit den Disziplinen Innere Medizin, Chirurgie, Gynäkologie, Urologie und HNO mit insgesamt 292 Planbetten.

Ihr Einsatz erfolgte auf einer Station der Chirurgischen Abteilung mit 36 Planbetten, auf der das Pflegesystem der Gruppenpflege umgesetzt wird.

Zu ihrem Aufgabengebiet gehören folgende Tätigkeiten:

- Durchführung der allgemeinen und speziellen Pflege im Rahmen des Pflegeprozesses
- Aufnahme und Entlassung von Patienten beziehungsweise deren Überleitung in andere Einrichtungen
- Vorbereitung, Mithilfe und Nachsorge bei diagnostischen, operativen und therapeutischen Maßnahmen wie endoskopischen Eingriffen, therapeutischer Lagerung sowie Umgang mit speziellen Verbänden, Drainagen und Schienen
- Durchführung der Pflegedokumentation und administrativer Tätigkeiten
- Begleitung Schwerkranker, Sterbender und deren Angehörigen
- Kommunikation mit Patienten, Angehörigen und Selbsthilfegruppen
- Anleitung neuer Mitarbeiter, Schüler und Praktikanten
- Einhaltung von Hygiene- und Unfallverhütungsvorschriften sowie der Strahlenschutz- und Gefahrenstoffverordnung
- Bedienung und Wartung von Geräten nach der Medizingeräteverordnung

- Bestellen von Medikamenten und Verbrauchsgütern

Frau Feuerstein bewältigt stets und in jeder Hinsicht die anfallende Arbeitsmenge. Die übertragenen Aufgaben erfüllt sie jederzeit in vorbildlicher Weise, gewissenhaft und zuverlässig. Frau Feuerstein führt ihre Tätigkeiten in beispielhafter Weise eigenständig aus; sie ist stets flexibel, behält immer den Überblick und setzt Prioritäten, welche der jeweiligen Situation angepaßt sind. Sie verfügt über herausragende kreative und innovative Fähigkeiten und ist in der Lage, diese umzusetzen und weiterzuentwickeln. Darüber hinaus besitzt Frau Feuerstein ausgezeichnete Organisationsfähigkeiten und arbeitet immer systematisch unter Nutzung vorhandener Ressourcen. Sie setzt Arbeitsmittel in jeder Hinsicht wirtschaftlich und verantwortungsbewußt ein und zeigt Initiative bei der Ausschöpfung vorhandener und neuer Mittel. Frau Feuerstein erfaßt Informationen, ist in vorbildlicher Weise fähig, diese zu bewerten und nach ihrer Relevanz zeit- und adressatengerecht weiterzuleiten. Die Dokumentation führt sie jederzeit präzise, fach- und sachgerecht durch.

Sie besitzt ein umfassendes, detailliertes Wissen, welches über das eigene Fachgebiet weit hinausgeht und verfügt außerdem über sehr gute praktische Fähigkeiten, die sie hervorragend einsetzt. Von den hausinternen Standards hat sie präzise und umfassende Kenntnisse und realisiert sie in der Praxis vorbildlich. Frau Feuerstein nimmt mit sehr großem Interesse an Fort- und Weiterbildungen teil und setzt das Erlernte hervorragend in die Praxis um. Durch besonderes Engagement und größtes pädagogisches Geschick erzielt sie bei der Anleitung und Wissensvermittlung beste Ergebnisse.

Im Umgang mit Patienten und Angehörigen verfügt Frau Feuerstein jederzeit über ein der Situation angemessenes Kommunikationsverhalten. Sie ist dem Patienten stets zugewandt und versteht es im besonderen Maße, die Angehörigen mit einzubeziehen. Von Mitarbeitern und Vorgesetzten wird Frau Feuerstein durch ihre ehrliche, sachliche und offene Art sehr geschätzt. Darüber hinaus nutzt sie immer alle Möglichkeiten zur konstruktiven Zusammenarbeit. Sie ist stets fähig Kritik anzunehmen und zu äußern.

Frau Feuerstein urteilt sorgfältig und äußerst gewissenhaft. Nach Abwägung der Sachlage trifft sie immer adäquate Entscheidungen unter Berücksichtigung der sozialen Tragweite. Sie genießt hierbei uneingeschränktes Vertrauen der Mitarbeiter und des Trägers. Dank ihres überragenden Organisationsvermögens werden Koordination und Administration optimal aufeinander abgestimmt. Tätigkeiten werden unter umfassender Berücksichtigung der Leistungsfähigkeit der Mitarbeiter sinnvoll delegiert. Die Überwachung der Arbeitsabläufe erfolgt hervorragend und zielorientiert. Frau Feuerstein setzt Konzepte stets überzeugend mit fachlicher und sozialer Kompetenz durch und besitzt im höchsten Maße die Fähigkeit, Mitarbeiter zu motivieren.

Frau Feuerstein erhält dieses vorläufige Zeugnis zur Vorlage bei einer Weiterbildungsstätte.

Flintstein, den 23. 03. 97

Eva Geröllheimer Verwaltungsleiterin	Sabine Zuversicht Pflegedienstleiterin

8.5 Zeugnis für einen Altenpfleger mit der Note 1

Zeugnis

Herr Herbert Feuerstein, geb. am 02. 05. 1956, wohnhaft in 60258 Flintstein, Geröllallee 156, war vom 01. 01. 1990 bis zum 31. 12. 1996 als Altenpfleger mit 38,5 Wochenstunden im Früh-, Spät- und Nachtdienst tätig.

Das Haus Höhenblick ist ein Pflegeheim mit insgesamt 126 Planbetten.

Sein Einsatz erfolgte auf einer Pflegestation mit 14 Planbetten, auf der das Pflegesystem der Bezugspflege umgesetzt wird.

Zu seinem Aufgabengebiet gehören folgende Tätigkeiten:

- Organisation und Durchführung der individuellen Grund- und Behandlungspflege
- Mitarbeit bei der psychosozialen Betreuung; insbesondere bei der Anleitung, Ermutigung und Hilfe beim Wiedererlernen und Durchführen der Aktivitäten des täglichen Lebens
- Mitwirkung bei der Biographiearbeit
- Pflege und Betreuung Sterbender
- Mithilfe bei der Betreuung der Hinterbliebenen und bei der Einleitung von Nachlaßregelungen
- Mitwirkung bei der Pflegedokumentation
- Bereitstellen und verabreichen von Medikamenten
- Anleitung neuer Mitarbeiter, Schüler und Praktikanten
- Teilnahme an Übergaben, Dienst- und Teambesprechungen
- Einhaltung der einschlägigen gesetzlichen Bestimmungen
- Wirtschaftlicher Umgang mit Gebrauchsmaterialien und Pflegehilfsmittel
- Mitarbeit bei der Umsetzung des Pflegeleitbildes

Herr Feuerstein bewältigt stets und in jeder Hinsicht die anfallende Arbeitsmenge. Die übertragenen Aufgaben erfüllt er jederzeit in vorbildlicher Weise, gewissenhaft und zuverlässig. Herr Feuerstein führt seine Tätigkeiten in beispielhafter Weise eigenständig aus; er ist stets flexibel, behält immer den Überblick und setzt Prioritäten, welche der jeweiligen Situation angepaßt sind. Er verfügt über herausragende kreative und innovative Fähigkeiten und ist in der Lage, diese umzusetzen und weiterzuentwickeln. Darüber hinaus besitzt Herr Feuerstein ausgezeichnete Organisationsfähigkeiten und arbeitet immer systematisch unter Nutzung vorhandener Ressourcen. Er setzt Arbeitsmittel in jeder Hinsicht wirtschaftlich und verantwortungsbewußt ein und zeigt Initiative bei der Ausschöpfung vorhandener und neuer Mittel. Herr Feuerstein erfaßt Informationen, ist in vorbildlicher Weise fähig, diese zu bewerten und nach ihrer Relevanz zeit- und adressatengerecht weiterzuleiten. Die Dokumentation führt er jederzeit präzise, fach- und sachgerecht durch.

Er besitzt ein umfassendes, detailliertes Wissen, welches über das eigene Fachgebiet weit hinausgeht und verfügt außerdem über sehr gute praktische Fähigkeiten, die er hervorragend einsetzt. Von den hausinternen Standards hat er präzise und umfassende Kenntnisse und realisiert sie in der Praxis vorbildlich. Herr Feuerstein nimmt mit sehr großem Interesse an Fort- und Weiterbildungen teil und setzt das Erlernte hervorragend in die Praxis um. Durch besonderes Engagement und größtes pädagogisches Geschick erzielt er bei der Anleitung und Wissensvermittlung beste Ergebnisse.

Im Umgang mit Patienten und Angehörigen verfügt Herr Feuerstein jederzeit über ein der Situation angemessenes Kommunikationsverhalten. Er ist dem Patienten stets zugewandt und versteht es im besonderen Maße, die Angehörigen mit einzubeziehen. Von Mitarbeitern und Vorgesetzten wird Herr Feuerstein durch seine ehrliche, sachliche und offene Art sehr geschätzt. Darüber hinaus nutzt er immer alle Möglichkeiten zur konstruktiven Zusammenarbeit. Er ist stets fähig Kritik anzunehmen und zu äußern.

Herr Feuerstein urteilt sorgfältig und äußerst gewissenhaft. Nach Abwägung der Sachlage trifft er immer adäquate Entscheidungen unter Berücksichtigung der sozialen Tragweite. Er genießt hierbei uneingeschränktes Vertrauen der Mitarbeiter und des Trägers. Dank seines überragenden Organisationsvermögens werden Koordination und Administration optimal aufeinander abgestimmt. Tätigkeiten werden unter umfassender Berücksichtigung der Leistungsfähigkeit der Mitarbeiter sinnvoll delegiert. Die Überwachung der Arbeitsabläufe erfolgt hervorragend und zielorientiert. Herr Feuerstein setzt Konzepte stets überzeugend mit fachlicher und sozialer Kompetenz durch und besitzt im höchsten Maße die Fähigkeit, Mitarbeiter zu motivieren.

Das Arbeitsverhältnis endete auf Wunsch von Herrn Feuerstein in beiderseitigem bestem Einvernehmen. Wir danken ihm für seine stets sehr guten Leistungen und bedauern sein Ausscheiden sehr. Wir wünschen Herrn Feuerstein auf seinem weiteren Berufs- und Lebensweg alles Gute und weiterhin viel Erfolg.

Flintstein, den 23. 03. 97

Gebhard Froh Heimleitung	Gustav Sonnenschein Pflegedienstleitung

8.6 Zeugnis für eine Krankenschwester in der ambulanten Pflege mit der Note 2

Zeugnis

Frau Eva Feuerstein, geb. am 02. 03. 1957, wohnhaft in 60258 Flintstein, Geröllalle 123, war vom 01. 01. 1990 bis zum 31. 12. 1996 als Krankenschwester mit 19,25 Wochenstunden im Tagdienst tätig.

Ihr Einsatz erfolgte in der ambulanten Pflege.

Zu ihrem Aufgabengebiet gehören folgende Tätigkeiten:

- Durchführung von Pflegemaßnahmen im Bereich der Kranken- und Altenpflege
- Förderung der Sozialisierung des Klienten und seiner Angehörigen
- Integration der Angehörigen im Rahmen des Pflegeprozesses
- Beratung und Anleitung des Klienten und seiner Angehörigen in der Einrichtung eines Krankenzimmers, in der Durchführung von Pflegemaßnahmen, in der Auswahl und im Umgang mit Pflegehilfsmitteln, im Umgang mit medizinisch-technischen Geräten, im Verhalten bei Notsituationen sowie im Todesfall
- Wartung und Verleih von Pflegehilfsmitteln
- Mitwirkung am Abrechnungsverfahren nach den Prinzipien der Pflegeversicherung
- Kooperation mit anderen Hilfsdiensten und Berufsgruppen

Frau Feuerstein bewältigt in jeder Hinsicht die anfallende Arbeitsmenge. Die übertragenen Aufgaben erfüllt sie kontinuierlich, gewissenhaft und zuverlässig. Frau Feuerstein führt ihre Tätigkeiten jederzeit eigenständig aus; sie ist flexibel, behält immer den Überblick und setzt Prioritäten, welche der jeweiligen Situation angepaßt sind. Sie verfügt über beträchtliche kreative und innovative Fähigkeiten und versteht, diese umzusetzen. Darüber hinaus besitzt Frau Feuerstein gute Organisationsfähigkeiten und arbeitet systematisch unter Nutzung vorhandener Ressourcen. Sie setzt Arbeitsmittel stets wirtschaftlich und verantwortungsbewußt ein. Frau Feuerstein erfaßt Informationen, ist jederzeit fähig, diese zu ewerten und nach ihrer Relevanz zeit- und adressatengerecht eiterzuleiten. Die Dokumentation führt sie präzise, fach- und sachgerecht durch.

Sie besitzt ein umfassendes Wissen, welches das eigene Fachgebiet überschreitet und verfügt außerdem über gute praktische Fähigkeiten, die sie sinnvoll einsetzt. Von den hausinternen Standards hat sie umfassende Kenntnisse und realisiert sie in der Praxis vorbildlich. Frau Feuerstein nimmt mit großem Interesse an Fort- und Weiterbildungen teil und setzt das Erlernte gut in die Praxis um. Durch großes pädagogisches Geschick erzielt sie bei der Anleitung und Wissensvermittlung gute Ergebnisse.

Im Umgang mit Patienten und Angehörigen verfügt Frau Feuerstein über ein der Situation angemessenes Kommunikationsverhalten. Sie ist dem Patienten zugewandt und versteht es im besonderen Maße, die Angehörigen mit einzubeziehen. Von Mitarbeitern und Vorgesetzten, wird Frau Feuerstein durch ihre ehrliche, sachliche und offene Art geschätzt. Darüber hinaus nutzt sie alle Möglichkeiten zur konstruktiven Zusammenarbeit. Sie ist fähig Kritik anzunehmen und zu äußern.

Frau Feuerstein urteilt sorgfältig und gewissenhaft. Nach Abwägung der Sachlage trifft sie immer adäquate Entscheidungen unter Berücksichtigung der sozialen Tragweite. Sie genießt hierbei volles Vertrauen der Mitarbeiter und des Trägers. Dank ihres vortrefflichen Organisationsvermögens werden Koordination und Administration gekonnt aufeinander abgestimmt. Tätigkeiten werden unter Berücksichtigung der Leistungsfähigkeit der Mitarbeiter sinnvoll delegiert. Die Überwachung der Arbeitsabläufe erfolgt stets gut und zielorientiert. Frau Feuerstein setzt Konzepte überzeugend mit fachlicher und sozialer Kompetenz durch und besitzt im hohen Maße die Fähigkeit, Mitarbeiter zu motivieren.

Das befristete Arbeitsverhältnis endet durch Ablauf der vereinbarten Zeit. Wir danken ihr für ihre sehr guten Leistungen und bedauern ihr Ausscheiden sehr. Wir wünschen Frau Feuerstein auf ihrem weiteren Berufs- und Lebensweg alles Gute und viel Erfolg.

Flintstein, den 23. 03. 97

Frank Regenbogen
Leiter des ambulanten Pflegedienstes

8.7 Zeugnis für eine Abteilungsleitung der Anästhesie mit der Note 2–3

Zeugnis

Herr Herbert Feuerstein, geb. am 02. 03. 1956, wohnhaft in 60258 Flintstein, Geröllallee 123, war vom 01. 01. 1991 bis zum 31. 12. 1996 als Krankenpfleger mit der Fachweiterbildung Anästhesie-Intensivpflege mit 38,5 Wochenstunden im Tagdienst mit Teilnahme am Ruf- und Bereitschaftsdienst tätig.

Das Kreiskrankenhaus Flintstein ist ein Haus der Maximalversorgung mit insgesamt 780 Planbetten.

Sein Einsatz erfolgte als Leitung der Anästhesie-Abteilung.

Zu seinem Aufgabengebiet gehören folgende Tätigkeiten:

- Dienstplangestaltung und Koordination der Arbeitsabläufe
- Teilnahme an Besprechungen des ärztlichen Dienstes der Anästhesie sowie der operativen Abteilungen und regelmäßige Teilnahme an den Stations- und Abteilungsleitungsbesprechungen des Hauses
- Überwachung/Einhaltung der Hygienestandards sowie der gesetzlichen Bestimmungen über Unfallverhütung, Strahlen- und Explosionsschutz sowie der Gefahrenstoffverordnung und der MedGV
- Geräteneubestellung und -verwaltung
- Beurteilung von Mitarbeitern und Weiterbildungsteilnehmern
- Überwachung des Ausbildungsstands der Weiterbildungsteilnehmer
- Durchführung regelmäßiger abteilungsinterner Fortbildungen
- Mitsprache bei neuen Projekten/Zielsetzungen/Perspektiven der Abteilung
- Erstellen von Statistiken und des Jahresabschlußberichts

Herr Feuerstein bewältigt in jeder Hinsicht die anfallende Arbeitsmenge. Die übertragenen Aufgaben erfüllt er kontinuierlich, gewissenhaft und zuverlässig. Herr Feuerstein führt seine Tätigkeiten jederzeit eigenständig aus; er ist flexibel, behält den Überblick und setzt Prioritäten, welche der jeweiligen Situation angepaßt sind. Er nutzt seine kreativen Möglichkeiten sinnvoll. Darüber hinaus besitzt Herr Feuerstein gute Organisationsfähigkeiten und arbeitet systematisch unter Nutzung vorhandener Ressourcen. Er setzt Arbeitsmittel stets wirtschaftlich und verantwortungsbewußt ein. Herr Feuerstein erfaßt Informationen, ist jederzeit fähig, diese zu bewerten und nach ihrer Relevanz zeit- und adressatengerecht weiterzuleiten. Die Dokumentation führt er fach- und sachgerecht durch.

Er besitzt ein umfassendes Wissen, welches das eigene Fachgebiet überschreitet und verfügt über praktische Fähigkeiten, die er auch einsetzt. Von den hausinternen Standards hat er umfassende Kenntnisse und realisiert sie in der Praxis. Herr Feuerstein nimmt mit großem Interesse an Fort- und Weiterbildungen teil und setzt das Erlernte gut in die Praxis um. Durch großes pädagogisches Geschick erzielt er bei der Anleitung und Wissensvermittlung gute Ergebnisse.

Im Umgang mit Patienten und Angehörigen verfügt Herr Feuerstein über ein der Situation angemessenes Kommunikationsverhalten. Er ist dem Patienten zugewandt und versteht es im besonderen Maße, die Angehörigen mit einzubeziehen. Von Mitarbeitern und Vorgesetzten, wird Herr Feuerstein durch seine ehrliche und sachliche Art geschätzt. Darüber hinaus nutzt er die Möglichkeiten zur konstruktiven Zusammenarbeit. Er ist fähig Kritik anzunehmen und zu äußern.

Herr Feuerstein urteilt sorgfältig und gewissenhaft. Nach Abwägung der Sachlage trifft er immer adäquate Entscheidungen unter Berücksichtigung der sozialen Tragweite. Er genießt hierbei volles Vertrauen der Mitarbeiter und des Trägers. Dank seines vortrefflichen Organisationsvermögens werden Koordination und Administration gekonnt aufeinander abgestimmt. Tätigkeiten werden unter Berücksichtigung der Leistungsfähigkeit der Mitarbeiter delegiert. Die Überwachung der Arbeitsabläufe erfolgt kontinuierlich und zielorientiert. Herr Feuerstein setzt Konzepte stets überzeugend mit fachlicher und sozialer Kompetenz durch und besitzt im hohen Maße die Fähigkeit, Mitarbeiter zu motivieren.

Herr Feuerstein verläßt uns auf eigenen Wunsch. Wir danken ihm für seine sehr guten Leistungen und bedauern sein Ausscheiden sehr. Wir wünschen Herrn Feuerstein auf seinem weiteren Berufs- und Lebensweg alles Gute und viel Erfolg.

Flintstein, den 23. 03. 97

Frank Regenbogen
Leiter des ambulanten Pflegedienstes